DIANA

Das schöne schräge *Weihnachtsbuch*

Ausgesucht von

Gerd Haffmans

DIANA VERLAG
München Zürich

Diana Taschenbuch Nr. 62/0219

Taschenbucherstausgabe 10/2001

Der Diana Verlag ist ein Unternehmen der
Heyne Verlagsgruppe München
Printed in Germany 2001

Umschlagillustration, Frontispiz und Schlußbild: Volker Kriegel
Umschlaggestaltung: Hauptmann und Kampa
Werbeagentur, CH-Zug
Satz: Schaber Satz- und Datentechnik, Wels
Druck und Bindung: Elsnerdruck, Berlin
Gedruckt auf chlor- und säurefreiem Papier

ISBN: 3-453-18974-4

http://www.heyne.de

Ich erinnere mich an das Aufwachen am Ersten Weihnachtstag, mit allen Geschenken vor dem Bett, im Bett. Gleitschuhe zum Beispiel. Eine glatte Fehlinvestition des Christkinds.

ULI BECKER, *Alles kurz und klein*

Ohne Gans keine Weihnacht.

GUSTAVE FLAUBERT,
Das Wörterbuch der Gemeinplätze

Weihnachten – Besonderer Tag, reserviert für Völlerei, Trunksucht, Gefühlsduselei, Annahme von Geschenken, öffentlichen Stumpfsinn und häusliches Protzen.

AMBROSE BIERCE,
Des Teufels Wörterbuch

ICH BIN ERIKA
jetzt kommt Weihnachten
Ich schenke Vati ein Tischfeuerzeug zu 22,60 DM.
Vati schenkt Michael Tennisschläger zu 22,00 DM.
Michael schenkt Mutti eine Schälmaschine zu 19,70 DM.
Mutti schenkt mir Schallplatten im Wert von 18,00 DM. 4,60 DM muss ich noch bekommen.
Von wem?
Ich bin so gespannt auf Weihnachten.

Robert Gernhardt, *Weihnachten*

Ich freu mich jetzt schon drauf, wenn der ganze Rummel vorbei ist. Dann können wir endlich mal wieder ausschlafen.

VOLKER KRIEGEL *Olaf der Elch*

VOLKER KRIEGEL
»Türlich ist es eine Art Ritual.
Aber man kann enorm süchtig danach werden.«

INHALT

JOHN UPDIKE

Die Zwölf Schrecken der Weihnacht

1. Santa, der Mann

Lose sitzender Nylonbart, getürktes Augenzwinkern, billiger roter Anzug, komischer Geruch nach Schnaps, wenn man auf seinem Schoß sitzt. Wenn er so eine große Nummer ist, warum lebt er dann elf Monate im Jahr von der Stütze? Irgendwie unheimlich, nicht ganz astrein, der Kerl, wie einer von den Gruseltypen bei Stephen King.

2. Santa, die Idee

Jemand, der auch nur halbwegs bei Verstand ist, würde der am Nordpol leben wollen, auf Treibeisschollen? Oder die ganze Nacht aufbleiben, am Himmel herumfliegen und Geschenke verteilen, an Kinder, die womöglich gar keine verdient haben? Es gibt einen Punkt, da bekommt Altruismus etwas Krankhaftes. Oder aber er ist das üble Deckmäntelchen für irgendwelche internationalen Machenschaften. Ein Mann mit dubioser Adresse, ohne plausible Quelle, aus der er seinen beträchtlichen Reichtum schöpft, steigt nach Mitternacht, wenn anständige, gesetzestreue Bürger mollig in ihren Betten liegen, durch den Schornstein ein – wenn das kein Grund zur Besorgnis ist!

3. Santas Gehilfen

Nochmals: Was wird da gespielt? Warum nehmen diese Wichtelmänner ausbeuterische Arbeitsbedingungen hin, in einer Gegend, die zu den trostlosesten der ganzen Welt gehören muß, wenn sie nicht einen Nutzen davon hätten, der zu unseren Lasten geht? Heute Unterschichtsmasochismus, morgen blutige Rebellion. Das Ratatatat winziger Hämmer ist vielleicht bloß der Anfang.

4. O Tannenbaum

Wenn er nun umkippt unter der Last der bunten Kugeln, die mit einem Knall zerplatzen? Oder die Holzwürmer, die in ihm wohnen, wandern ab und siedeln sich in den Möbeln an? Ein Baum hat etwas Gespenstisches – die vielgliedrige Erstarrung, in der er dasteht, seine struppige, bedenkenlose Aufgerichtetheit: Wenn einen das schon bei der Begegnung im Freien beunruhigt, wieviel mehr dann im Wohnzimmer! Nachts kann man hören, wie er raschelt und Wasser aus dem Eimer trinkt.

5. Winzige Rentiere

Hufe, die durch Dachschindeln schneiden wie Linoleummesser. Geweihe wie hundert tote Zweige. Flugbild schwankend, erinnernd an »welke Blätter, die vor dem wilden Sturmwind fliehn«. Fell wahrscheinlich voll von krankheitserregenden Zecken.

6. Tod durch Stromschlag

Es sind nicht mehr bloß die defekten Lichterschnüre oder der durchgeschmorte Trafo der schnittigen kleinen Eisenbahn. Es sind all die Batteriepakete, die elektronischen Spiele, die digitalen Lexika, die Roboter, die nur so zischen vor künstlicher Intelligenz. Sogar das Lametta ist geladen.

7. Die Weihnachtslieder

Sie dröhnen und klingeln von den hohen Decken der Supermärkte und Discountläden, aber die Stimmung sinkt und sinkt. Ist uns das Herz so schwer geworden, seit wir keine Kinder mehr sind? Was ist mit uns geschehen? Warum spielen sie nie mehr unsere Lieblingslieder? Was *waren* unsere Lieblingslieder? Damdidam der Engelein Chor und so weiter am himmlischen Tor.

8. Das Feiertagsprogramm

War Charlie Browns Stimme schon immer so wehleidig und nervtötend? Hat Bing Crosby immer schon diesen kleinen Schmerbauch gehabt, und ist er immer schon so gegangen, mit den Zehen nach außen? War das nicht Danny Kaye / Fred Astaire / Jimmy Stewart? Lebt Vera-Ellen eigentlich noch? Gibt es nicht irgendwas anderes, Wrestling vielleicht oder »Osterspaziergang«?

9. Angst, nicht genug zu schenken

Führt zu Schwindelanfällen im Einkaufszentrum, zu angeknacksten Knöcheln auf beschleunigten Rolltreppen, zu verstauchten Daumen und Handgelenken beim Transportieren der Tragtüten, zu Augen- und Gesichtsverletzungen in Bussen voller Pappkartons und zu dem flatterigen Gefühl, die Orientierung verloren zu haben und kurz vor der Verarmung zu stehen.

10. Angst, nicht genug geschenkt zu bekommen

Führt zu bangem Inspizieren der Paketpost und zur Identitätskrise am Weihnachtstag, wenn die Berge aus zerknülltem Einwickelpapier und geleerten Schachteln sich um jeden Stuhl höher türmen, bloß um deinen nicht. Drei öde Schlipse und ein Paar gefütterter Arbeitshandschuhe – so sehen sie dich also?

11. Angst vorm Umtausch

Die Peinlichkeiten, das unziemliche Gefeilsche. Die verlorenen Kassenbons. Die Beschuldigung, die Ware sei beschädigt. Der entwürdigende Abstieg zu den Krämergeistern des Merkantilismus.

12. Die Dunkelheit

Wie früh sie jetzt kommt! Wie grieselig und grün um die Nase alle aussehen, während sie, winterlich grau vermummt, vorüberschleichen im phosphoreszierenden Schein von Kaufhausfenstern, dekoriert mit Styroporschnee, Pappmachészenen eines künstlichen 1890 und wachsblassen Schaufensterpuppen, die zu Posen verlogener Unbeschwertheit hingerenkt sind und karierte Bademäntel tragen. Ist das die Hölle oder bloß ein Indiz für gestiegene Konsumgläubigkeit?

Deutsch von Maria Carlsson

ROBERT GERNHARDT

Vor dem Fest

DAVID LODGE

Pastorale

Di *da*da, di *da* da, dida, dida, dida …

Wenn ich die ersten Takte des Hirtengesangs aus Beethovens *Pastorale* höre, fällt mir sofort wieder ein, was ich alles auf die Beine gestellt habe, um die Jungfrau Maria in die Arme zu nehmen – will sagen Dympna Cassidy, die damals die Jungfrau Maria spielte. Damals – das war ein Weihnachtsfest in den fünfziger Jahren, der Anlaß ein Krippenspiel, das ich für den Jugendklub Unserer Lieben Frau vom Immerwährenden Beistand in Südlondon inszeniert hatte, worunter man sich vorzustellen hat, daß ich das Stück schrieb, Regie führte, die Rollen besetzte, die Bühnenbilder entwarf und natürlich die Musik aussuchte. Nur die Kostüme nähte ich nicht selbst, dafür spannte ich meine treusorgende Mutter und meine grollenden Schwestern ein.

Das hört sich an, als sei ich damals schon verrückt aufs Theater gewesen, aber das war, als ich dieses Projekt in Angriff nahm, durchaus nicht der Fall. Ich war in der letzten Klasse des Katholischen Gymnasiums St. Aloysius, hatte Englisch, Französisch, Latein und Wirtschaftskunde als Leistungsfächer und wollte Jura studieren, um Anwalt zu werden (diesen Floh hatte mir mein Vater, seines Zeichens Bürovorstand in einer Rechtsanwaltskanzlei, ins Ohr gesetzt, dessen sehnlichster Wunsch es war, mich dermaleinst als Staranwalt zu sehen). Damals hätte ich mir nicht träumen lassen, daß ich mal als Regisseur beim Musical landen würde, und zwar hauptsächlich in Gastspielen bewährter Oldies wie *Oklahoma* und *The King and I.*

Vor ein paar Jahren habe ich allerdings auch in einem neuen Musical im West End Regie geführt, dessen Ruhm sich bedauerlicherweise nicht sehr weit verbreiten konnte, weil es nach drei Wochen wieder abgesetzt wurde. Große Hoffnungen setze ich auf mein neues Projekt *Cleo,* ein Musical nach *Antonius und Cleopatra,* das ich selbst geschrieben habe.

Doch ich schweife ab. Zurück zu dem Krippenspiel mit dem wenig originellen Titel *Die Weihnachtsgeschichte.* Der ursprüngliche Titel war *Frucht ihres Leibes,* womit ich auf den entschiedenen Widerstand des Gemeindepfarrers Father Stanislaus Lynch stieß; die Auseinandersetzung um den Titel war der erste, aber nicht der letzte Strauß, den ich wegen des Krippenspiels mit ihm ausfocht. Er fand ihn anstößig. Die Worte seien schließlich, konterte ich, Teil des *Ave Maria.* Aus dem Zusammenhang gerissen, behauptete er, ergäben sie einen ganz anderen Sinn. »Und *im* Zusammenhang«, sagte ich, »ergeben sie überhaupt keinen Sinn, weil Katholiken ihre Gebete bekanntlich herunterleiern, ohne sich die mindesten Gedanken um den Inhalt zu machen. Mein Krippenspiel legt es darauf an, sie aus ihrer geistigen Dumpfheit zu reißen und ihnen bewußt zu machen, worum es bei Weihnachten eigentlich geht – um die Menschwerdung Christi nämlich.« Ich war – zumindest auf der Ebene intellektueller Auseinandersetzungen – gewandt und zungenfertig. Auf anderen Gebieten, wenn Mädchen ins Spiel kamen beispielsweise, war es mit meiner Selbstsicherheit nicht so weit her.

Father Stan, wie wir ihn nannten, blieb hart. »Alles gut und schön, aber meinst du etwa, ich hänge ein Plakat an die Kirchentür, auf dem für eine Aufführung mit dem Titel *Frucht ihres Leibes* geworben wird? Der Mütterkreis würde mir schön was erzählen!« Zu Hause führte ich laute Klage über diesen Fall kleinlich-kirchlicher Zensur; erst als eine meiner Schwestern sagte, ein bißchen abartig fände sie den Titel schon, sie müsse dabei einerseits immer an Ananas und Bananen, andererseits an Wörter wie Leibchen oder Leibgedinge denken, verzichtete ich auf weitere Gegenargumente.

Di *da* da, di *da* da ... Es gab noch andere Stücke in der *Weihnachtsgeschichte,* die während des Kulissenwechsels hinter dem Vorhang gespielt werden und auf das nächste Bild einstimmen sollten. Für die Verkündigung hatte ich Gounods *Ave Maria* vorgesehen, für die Heiligen Drei Könige ein Thema aus Rimskij-Korsakows *Scheherazade* und für die Flucht aus Ägypten den *Walkürenritt.* Mein Vater besaß eine ganz ordentliche Sammlung klassischer Musik auf Schellackplatten, die ich auf unserer Musiktruhe abspielen durfte, einem nußbaumfurnierten Ungetüm, das im Erker unseres Vorderzimmers stand. Allein der »Hirtengesang« aber löst die Erinnerung an dieses Stück und an Dympna Cassidy aus. Ursprünglich diente er als Einstimmung auf die Szene, in der die Hirten nach Bethlehem eilen, um dem Jesuskind zu huldigen, aber im Verlauf der Proben tauchte er auch in anderen Szenen auf.

Angefangen hatte die ganze Geschichte an einem Samstagabend Anfang November bei einer Tanzerei im Jugendklub. Father Stan und ich saßen auf Klappstühlen am Rand der Tanzfläche, sofern die staubigsplittrigen Dielenbretter des Gemeindesaals eine solche Bezeichnung überhaupt verdienen, und sahen den

Paaren zu, die sich über die Tanzfläche schoben, während Nat King Coles *Too young* aus einem Koffergrammophon dröhnte.

Ich saß dort, weil ich nicht tanzen konnte und den Eindruck zu erwecken suchte, daß ich nicht tanzen wollte, während ich in Wirklichkeit nur aus Angst, mich beim Tanzenlernen der Lächerlichkeit auszusetzen, das Mauerblümchen mimte. Zu diesen Abenden kam ich in meiner Eigenschaft als Klubsekretär und getrieben von dem sorgfältig geheimgehaltenen Verlangen nach Dympna Cassidy, auch wenn ich tausend Qualen litt, wenn ich mit ansehen mußte, wie ein anderer Partner sie in den Armen hielt. Zum Glück waren die meisten Jungen im Klub genauso gehemmt wie ich, so daß häufig wohl oder übel zwei Mädchen miteinander tanzen mußten, so wie Dympna und ihre Freundin Pauline, die sich an jenem Abend zu den kleistrigen Klängen von *Too young* wiegten. Im übrigen verbot das Klubprotokoll bei männlichen Partnern jeden engen Kontakt zwischen den Paaren, und aus diesem Grunde beehrte uns auch Father Stan bei diesen Anlässen stets mit seinem Besuch. Seine Aufgabe war es, dafür zu sorgen, daß zwischen den Tanzpartnern immer Licht zu sehen war.

They say that we are much too young,
Too young to really be in love …

Nicht, daß ich in Dympna Cassidy verliebt gewesen wäre; eben das war das Problem.

Sie war eine dralle Schönheit mit jadegrünen Augen und kupferrotem Haar, das, zu besonderen Anlässen frisch gewaschen, ihr Gesicht in einer naturkrausen, schimmernden Wolke umstand. Ihr Teint hatte das strahlend durchscheinende Weiß einer schönen Alabasterfigur, ihre Lippen waren zu einem bezaubernden Schmollmund aufgeworfen. Wenn sie lächelte, erschienen zwei Grübchen in ihren Wangen, die aussahen wie kleine Wimpel und mich immer an ihren Namen erinnerten. Ihren Vornamen, wohlgemerkt. Während Cassidy einiges an poetischer Klangfülle vermissen ließ, paßte Dympna wunderbar – nicht nur zu den Wimpelgrübchen, sondern zu dem ganzen Mädchen. Die Silben hatten einen sanft-nachgiebigen, kurvigen Klang; genau so stellte ich mir ihren Körper in meinen Armen vor. Wie ich mich danach sehnte, diesen Körper in die Arme zu schließen! Wie es mich drängte, diese sinnliche Fülle einem Kissen gleich an meine Brust zu drücken, meine Lippen in der aus tausend Liebesszenen im Kino vertrauten Manier auf den hinreißenden Schmollmund zu legen! Aber ich war weder in Dympna Cassidy verliebt noch bereit, Verliebtheit zu heucheln. Und zu jener Zeit und in meinen Kreisen waren das die einzigen Möglichkeiten, einen Kuß von einem Mädchen wie Dympna zu ergattern. Mit anderen Worten: Ich hätte mich öffentlich, als fester Freund, zu ihr bekennen müssen.

Und an dieser Stelle muß ich ein recht schmachvolles Geständnis ablegen: Ich war mir zu gut, um Dympna Cassidy den Hof zu machen. Nicht nur, weil sie aus sehr einfachen Verhältnissen stammte; ihre große Familie – eine rechte Lotterbande – wohnte in einer Sozialsiedlung zur Miete, während wir ein Eigenheim besaßen, ein reputierliches viktorianisches Reihenhaus mit einer kleinen Vortreppe, die zur Haustür führte. Und nicht nur, weil sie auch in Sprache und Ausdrucksweise ihre bescheidene Herkunft nicht verleugnen konnte. Mit diesen Handicaps hätte ich leben können, wenn ihre äußeren Reize eine auch nur annähernde Entsprechung in ihrer geistigen Ausstattung gefunden hätten. Leider herrschte in ihrem Kopf – wenn man von ein paar Popsongs, Namen von Filmstars, Neuigkeiten vom Modemarkt und Tratsch über ihre Lehrer absah – gähnende Leere. Die Aufnahmeprüfung fürs Gymnasium, die mein erstes großes Erfolgserlebnis gewesen war, hatte sie nicht bestanden und ging nun auf den sogenannten kaufmännischen Zweig einer Mittelschule, wo sie zur Stenotypistin ausgebildet wurde, wollte aber später versuchen, einen Job als Verkäuferin in einem Modegeschäft zu bekommen. All das wußte ich, weil ich jede Gelegenheit nutzte, mich mit ihr zu unterhalten – nach der Sonntagsmesse vor der Kirche, beim Aufräumen nach einem Klubabend im Gemeindesaal oder bei einem der Ausflüge des Jugendklubs nach Kent. Daß Dympna sich für mich interessierte, merkte ich natürlich. Der etwas stutzerhafte Aufzug, in dem ich mir gefiel, wenn ich nicht in meiner Schuluniform herumlaufen mußte, die langen Haare, die grüne Cordjacke mit der mostrichfarbenen Weste – das alles fand sie spannend und außergewöhnlich. Sie hatte in der Gemeinde viele Verehrer, aber keinen festen Freund, und hätte mich bestimmt nicht abgewiesen, wenn ich den ersten Schritt getan hätte.

Doch davor scheute ich zurück. Meine Zukunft war klar vorgezeichnet und eine Dympna Cassidy darin nicht vorgesehen: Studium, Prüfungen, Auszeichnungen, Preise; Jahre harter Arbeit und strikter Selbstverleugnung und als Belohnung schließlich eine Karriere als angesehener Jurist. In den Kreisen der Cassidys sah man das ganz anders; die Dympnas dieser Welt gingen möglichst bald von der Schule ab, suchten sich einen

Job – er durfte gern banal und trist sein – und lebten fortan für Freizeit und Urlaub, für Tanzen, Einkaufengehen, Kino, »Amüsement«. Sie verläpperten ihre Jugend in einer Orgie unbekümmerter, oberflächlicher Vergnügungen, um dann, dem Beispiel ihrer Eltern folgend, in ein dumpf-domestiziertes Erwachsenenleben hinüberzugleiten, in dem sie ihre liebe Not hatten, mit dem Geld, das hinten und vorn nicht reichte, die Familie durchzubringen. Wenn ich mich auf Dympna einließ, würde auch ich durch sie unweigerlich in diese Niederungen geraten. Ein Kuß – das war meine feste Überzeugung –, und das Unglück war geschehen. Ein Kuß – und ich war auf dem besten Wege zu einer verfrühten und unvernünftigen Ehe. Und eine verheiratete Dympna würde ihre Reize nicht lange behalten. Wenn man sich ihre Mutter ansah, konnte man sich Dympna in zwanzig Jahren vorstellen: Hängebusen, eine vom Kinderkriegen ruinierte Figur, eingefallene Wangen, weil die Backenzähne fehlten. Dympna wird nie wieder so schön sein wie jetzt, sagte ich mir bedrückt, während sie Pauline beim Foxtrott führte und dummes Zeug über irgendwelche Schuhe schwätzte, die sie in einem Schaufenster gesehen hatte. Das Thema schien die beiden sehr zu beschäftigen. Wenn sie an mir und Father Stan vorüberwirbelte, hörte ich sie von nichts anderem reden.

»Du kennst doch Mrs. Noonan, die Lehrerin in unserer Vorschule«, sagte der Pfarrer unvermittelt. Ich nickte. Vor zehn Jahren war ich einer ihrer Schüler gewesen. »Und du weißt, daß sie zu Weihnachten mit den Kleinen immer ein Krippenspiel aufführt. Nun muß sie aber nächste Woche zu einer Operation ins Krankenhaus und ist bis Januar krank geschrieben, und da habe ich gedacht, ob das nicht in diesem Jahr der Jugendklub übernehmen könnte. Das Krippenspiel, meine ich. Es wäre schön, mal etwas ... Erwachseneres zu zeigen. Etwas, das der Gemeindejugend etwas zu sagen hat. Ob du da was organisieren könntest, Simon?«

»Wird gemacht!«

»Na wunderbar«, sagte der von meiner prompten Zusage etwas verblüffte Pfarrer. »Hast du auch wirklich Zeit dafür? Ich weiß, daß sie euch in St. Aloysius ganz schön rannehmen.«

»Das schaff ich schon, Father, verlassen Sie sich nur auf mich.«

»Sehr nett von dir, wirklich. Ich schau mal nach, ob die Catholic Truth Society ein passendes Stück hat. Das von Mrs. Noonan ist wohl nicht ganz das Richtige für unsere Zwecke.«

»Ich werde das Stück selber schreiben.«

Er hatte kaum von dem Krippenspiel angefangen, als mir schon ein verlockendes Bild vor Augen stand: Dympna Cassidy als bildschöne Muttergottes, das kupferfarbene Haar wie ein Heiligenschein im Rampenlicht leuchtend, daneben ich selbst als der heilige Joseph, der ihr, den Arm um ihre Schulter, vielleicht sogar um die Taille gelegt, auf der Reise nach Bethlehem zur Seite steht. Ein ideales Alibi für engen Körperkontakt zu Dympna Cassidy, ohne irgendwelche moralischen oder emotionalen Verpflichtungen einzugehen.

»Vor der Aufführung will ich den Text natürlich noch sehen. Damit sich keine Ketzereien einschleichen ...« Father Stan fletschte in einem wölfischen Grinsen die schiefen, nikotingelben Zähne.

Ich schrieb das Stück unglaublicherweise an nur zwei Wochenenden. Mit Einladungen zum Vorsprechen hielt ich mich nicht auf. Erstens war dazu keine Zeit mehr, und zweitens wäre sowieso keiner gekommen. Der Jugendklub Unserer Lieben Frau zum Immerwährenden Beistand hatte keine thespische Tradition. Ich suchte mir für mein Ensemble die vielversprechendsten Klubmitglieder aus und engagierte sie ohne Leseprobe. Natürlich sprach ich zuerst Dympna Cassidy an. Als ich ihr sagte, daß ich sie für die Jungfrau Maria vorgesehen hatte, errötete sie vor Freude, dann aber schüttelte sie den Kopf, biß sich auf die Unterlippe und sagte, sie habe noch nie im Leben auf einer Bühne gestanden. Keine Sorge, sagte ich, ich hätte einschlägige Erfahrungen aus etlichen Schulaufführungen und würde ihr helfen. Ich freute mich schon auf trauliche Nachhilfestunden zu zweit in unserem Wohnzimmer mit passenden Weisen aus der Musiktruhe. Di *da* da, di *da* da … Hatte ich diese Melodie in dem Moment schon im Hinterkopf?

Ich schob es immer wieder auf, Father Stan den Text zu zeigen mit der Begründung, wir seien immer noch am Umschreiben. Schließlich aber witterte er Unrat, beschaffte sich über einen der Mitwirkenden das Buch, und es gab einen fürchterlichen Krach. Eines Abends stand er, den zusammengerollten Text in der Hand wie einen Marschallstab, vor unserer Haustür. Zum Glück waren meine Eltern nicht da. Wütend fuchtelte er mir mit der Rolle unter der Nase herum. »Was soll dieser Schund? Wie kannst du es wagen, die fleckenlose Reinheit unserer Lieben Frau zu besudeln?«

Ich wußte natürlich, was er meinte – die Regieanweisung am Ende der ersten Szene des ersten Akts: *Joseph und Maria umarmen sich.*

Die Bibel gab für diese Stelle eingestandenermaßen nicht viel her, ich hatte meine Phantasie zu Hilfe nehmen müssen, um anschaulich zu machen, was für ein Leben Maria während ihrer Verlobungszeit mit Joseph geführt hatte, bevor sie auch nur ahnte, daß sie die Muttergottes werden würde. Ich hatte mich um Modernität bemüht – ein Jahrzehnt später hätte man »Relevanz« gesagt – und versucht, statt frommer Platitüden und biblischer Altertümelei Alltagssprache und ungekünsteltes Benehmen auf die Bühne zu bringen. Mit einem Wort: etwas, das modernen Teenagern etwas zu sagen hatte. Ich stellte mir Maria in dieser Phase ihres Lebens als ein vergnügtes, temperamentvolles, ja ausgelassenes junges Mädchen vor, das mit einem recht gesetzten älteren Mann verlobt ist. Ich schrieb eine Szene, in der Maria zu Joseph in die Zimmermannswerkstatt kommt und versucht, ihn zu einem Spaziergang zu überreden, und es kommt zu einer harmlosen Kabbelei. Rasch aber vertragen sie sich wieder und besiegeln ihre Versöhnung mit einem Kuß.

Mehrere Mitspieler meldeten während der ersten Leseprobe bei dieser Szene Bedenken an. Für Verlobte, argumentierte ich, sei dieses Verhalten schließlich naheliegend, zumal sie zu diesem Zeitpunkt ja noch nicht wußten, daß sie den Messias in die Welt setzen würden. Dympna trug zu dieser Diskussion nichts bei, sie saß mit gesenktem Blick da, konnte sich aber wohl denken, aus welcher Motivation heraus diese Szene wirklich geschrieben worden war.

Nach zwei weiteren Leseproben fing ich mit dem eigentlichen Probieren an, aber als ich zum Schluß von Akt eins, Szene eins, kam,

> JOSEPH Ich kann dir nie lange böse sein, Maria.
> MARIA Ich dir auch nicht.

verließ mich der Mut, und ich sagte nur: »Dann umarmen sich Joseph und Maria, und der Vorhang fällt.«

»Willst du den Kuß nicht proben?« fragte Magda Vernon, die sich freiwillig als Inspizientin zur Verfügung gestellt hatte. Sie war ein eigenartiges Mädchen, groß und mager, mit einer Brille, die ihr ständig von der Stupsnase rutschte, und schwarzem Wuschelhaar, das aussah, als sei sie gerade erst aufgestanden. Mit Vorliebe trug sie lange Pullover in dunklen Farben, an denen sie erbarmungslos zog und zerrte, bis sie aus der Form geraten waren, der Saum bis über die Hüften reichte und die Ärmel ihr wie Handschuhe über die Fingerspitzen gingen, als wollte sie sich darin verstecken. Es hieß, sie habe eine Art Nervenzusammenbruch gehabt und ausreißen wollen, und ihre Eltern hätten sie in den Jugendklub geschickt, damit sie wieder in ein normales Leben zurückfand. Viel geholfen hatte es bisher noch nicht, das Krippenspiel war die erste Unternehmung, die einen Funken Interesse in ihr geweckt hatte. In der Diskussion über die Schicklichkeit der Kußszene hatte sie sich auf meine Seite geschlagen, und dafür war ich ihr dankbar, aber in diesem Moment war mir ihre Einmischung nicht sehr willkommen.

»In dieser Phase können wir noch nicht in alle Einzelheiten gehen«, sagte ich. »Wir kommen zur zweiten Szene … «

Aber als wir erneut die erste Szene probierten, brach ich kurz vor dem Kuß wieder ab.

»Ich finde, du solltest dich zumindest entscheiden, was für ein Kuß es werden soll«, beharrte Magda. »Ich meine – wer küßt wen? Und auf die Lippen oder auf die Wange?«

»Auf die Wange, was denn sonst«, sagte der Junge,

der den Herodes spielte, »Father Stan flippt sonst aus.« Alles kicherte.

»Darüber habe ich noch gar nicht nachgedacht.« In Wirklichkeit dachte ich seit Tagen an kaum etwas anderes. »Das können wir immer noch entscheiden, wenn wir die Kostüme haben.«

Später, als die Mitwirkenden gegangen waren und ich mit Magda eine Liste der benötigten Requisiten durchging, warf sie mir einen durchtriebenen Blick zu. »Ich glaube, du weißt gar nicht, wie's geht.«

»Wie was geht?«

»Wie man ein Mädchen küßt. Wenn du willst, zeig ich's dir.«

»Danke, aber ich komme schon allein zurecht.«

Als ich später in der kalten Dezembernacht heimging, bereute ich, daß ich ihr Angebot ausgeschlagen hatte, und überlegte mir verschiedene Möglichkeiten, es im nachhinein doch noch anzunehmen. Am nächsten Tag aber kam es dann zu dem großen Krach mit Father Stan, meine erste Szene wurde ersatzlos gestrichen, und ich hatte keinen Vorwand mehr, bei Magda in die Lehre zu gehen.

Und so kam ich um meinen Kuß von Dympna Cassidy. Auf der Reise nach Bethlehem schaffte ich es zwar, ihr einen Arm um die Taille zu legen, aber sie war in dieser Szene so dick eingemummelt, daß ich nicht viel davon hatte. Außerdem war mir die Lust an Dympnas Körper inzwischen ziemlich vergangen. Was mich weit mehr beschäftigte, war ihr Mangel an schauspielerischen Qualitäten. Der geradezu manische Perfektionsdrang all jener, die Stücke auf die Bühne bringen, hatte auch mich erfaßt. Dympna vergaß ständig ihren Text oder leierte ihn mit kaum verständlicher Stimme herunter. Wenn ich sie kritisierte, war sie eingeschnappt und sagte, sie hätte sich nicht danach gedrängt, in meinem blöden Stück mitzuspielen. Eins mußte man ihr allerdings lassen: Sie sah wirklich umwerfend aus. Kurz entschlossen strich ich in ihrem Text herum, bis eine nahezu stumme Rolle mit Musikbegleitung daraus geworden war. Der Hirtengesang gefiel ihr offenbar, sie summte ihn oft vor sich hin, wenn sie gute Laune hatte, und deshalb sollte er nun bei jedem Auftritt von Maria als eine Art Leitmotiv erklingen, was Magda hinter den Kulissen einiges abverlangte, denn sie mußte das Koffergrammophon bedienen und gleichzeitig soufflieren, aber die Wirkung war durchschlagend. Durch Zufall hatte ich eine Hauptstütze des Musiktheaters entdeckt – die Reprise. Man braucht nicht lange zu rätseln, was die Zuschauer summten, als sie den Gemeindesaal verließen. Unser Stück war ein Hit. Ich brachte Magda nach Hause, und vor ihrer Haustür küßten wir uns, bis uns die Lippen weh taten.

Magda wurde meine erste Freundin; als wir im Jahr darauf anfingen zu studieren, trennten sich unsere Wege. Ich studierte Jura, wie vorgesehen, saß aber statt im Hörsaal meist im Theater- und Opernklub, bestand meine Prüfung mit Ach und Krach und begann zum großen Verdruß meines Vaters sofort mit einer Ausbildung an der Schauspielschule. Der Zufall wollte es, daß auch Magda die Theaterleidenschaft erfaßt hatte. Sie studierte Theaterwissenschaften, arbeitete an verschiedenen Provinztheatern und produzierte jetzt mit großem Erfolg Fernsehspiele. Hin und wieder sehen wir uns bei einschlägigen Veranstaltungen, und wenn wir Küßchen tauschen, wie das im Showbusiness üblich ist, zieht sie mich unweigerlich mit der Frage auf: »Lippen oder Wange, Schätzchen?«

Und Dympna? Sie ist weder Stenotypistin noch Verkäuferin geworden, hat weder ihre gute Figur ruiniert noch ihre Backenzähne verloren, sondern wurde als Fotomodell entdeckt und hatte Ende der fünfziger Jahre schöne Erfolge auf den Titelseiten von Frauenzeitschriften, bis der Jean-Shrimpton-Look ihr das Geschäft verdarb. Von meiner Mutter weiß ich, daß sie einen reichen Geschäftsmann geheiratet hat und nicht mehr als Fotomodell arbeitet. Sie wohnen in einem Herrenhaus bei Newmarket und haben mehrere Rennpferde. Ich überlege, ob ich ihnen nicht vorschlagen soll, etwas von ihrem Geld in die Produktion von *Cleo* zu stecken …

Deutsch von Renate Orth-Guttmann

Erste Reihe Mitte oder: Der Keinstadt-Großkritiker

Nachwuchs spielt sich einen Wolf: 7 Geißlein tot!

Die Vorweihnachtszeit kündigt sich durch drei Dinge an: schlechte Filme, unverzeihliches Fernsehprogramm und noch schlechteres Theater. Ich spreche von knochenbrechend schlechtem Theater, die Sorte, die unsere altehrwürdigen Altvordern vor der Erfindung der Folterbank verwendeten, um ihre Feinde zu unterdrücken. Wir sprechen von Foltermethoden, die sich mit der Wiederaufnahme von *Wenn mein Schlafzimmer sprechen könnte* am Scottsfield Dinner Theatre 1994 messen können, einer Aufführung, die gegen jeden Artikel des Menschenrechtskatalogs verstieß. Denjenigen unter Ihnen, die eine schöne Garnitur Daumenschrauben zu schätzen wissen, sei jedes einzelne der peinigenden Krippen-, Weihe- und Singspiele empfohlen, die gegenwärtig innerhalb unserer Grund- und Mittelschulen die Menschen scharenweise um Erbarmen winseln lassen. Man wird mich zweifellos dafür ins Gebet nehmen, daß ich die Arbeit von Kindern kritisiere, aber, wie Ihnen jeder Pathologe gern bestätigen wird, ist es am aussichtsreichsten, einen Krebs im frühestmöglichen Stadium zu behandeln.

Wenn man zufällig größer war als 1,20 m, begann die Qual, die einen in der Grundschule vom Hl. Herzen Jesu erwartete, bereits beim Platznehmen, bestand die Bestuhlung doch aus gemeinen kleinen Schemeln, die man in ein »Theater« gepfercht hatte, welches von hartnäckigem Lasagne-Gestank durchweht wurde, so stark, wie er sonst nur in der Industrie Verwendung findet. Ich frage nicht, warum man sich dazu entschlossen hat, einen schlecht getarnten Speisesaal als Aufführungsort zu wählen, ich frage, warum man sich zu dieser Aufführung entschlossen hat. *Die Geschichte der ersten Weihnacht* ist eine überschätzte Klapperkiste von einem Weihnachtsmärchen, die man lieber denen überläßt, die ein Mittel gegen ihre chronische Schlaflosigkeit suchen. Obwohl im Programm kein Regisseur genannt wird, verriet die apathische Inszenierung die lahme, partiell paralysierte Hand von Schwester Mary Elizabeth Bronson, die bereits nach ihrem letzten desaströsen Erntedank-Programm exkommuniziert gehört hätte. Auch hier wußten wieder die Schauspieler, sämtlich Erst- bis Drittkläßler, durch eine Begeisterung zu verzaubern, wie man sie bei den meisten Kindern eher anläßlich einer Windpockenschutzimpfung vermuten würde. Sie waren jedoch kaum für ihre mangelnde Vitalität verantwortlich zu machen, besteht der popelige, uninspirierte Text doch nicht etwa aus federndem Dialog, sondern vielmehr aus einer stumpfen Abfolge von Ansagen.

> MARIA *(zu Josef)* Ich bin müde.
> JOSEF *(zu Maria)* Hier werden wir über Nacht ausruhen.

Da ist kein Feuer, kein Geben und Nehmen, und das Publikum wird dieser leidenschaftslosen Beziehung bald überdrüssig.

In der Rolle der Maria gelingt es der sechs Jahre alten Shannon Burke nur knapp, sich als Jungfrau auszugeben. Ihre klebrig-süße, geziert-auftrumpfende Bühnenpräsenz schien sich auf nichts zu gründen als auf ihre ärgerliche Vorliebe dafür, das Röckchen sowie, ganz selten, die Lider zu heben. Als Josef mußte Zweitkläßler Douglas Trazzare ständig dazu angehalten werden, sich, obwohl der Mann, den er verkörperte, die Muttergottes, technisch gesehen, nicht geschwängert hatte, so zu benehmen, als wäre er immerhin zu so etwas fähig. Das brisante Gemenge wurde durch eine Handvoll unaufmerksamer Schäfer und ein Trio siebenjähriger Geschenkeüberbringer komplettiert, welches immerhin wirkte, als könnten die Three Stooges noch was von ihnen lernen. Was nun die Beleuchtung betraf, so hatte sich die Grundschule vom Hl. Herzen Jesu voll und ganz auf die Glühbirnen verlassen, welche von den widerwärtigen Bühnenmüttern und -vätern an- und ausgeknipst wurden, welche jenen Zombies, die dort über das Linoleum des Speisesaals taumelten, das Leben geschenkt hatten. Unter gewissen Umständen ist elterlicher Stolz verzeihlich, er gehört aber nicht ins Theater, weil er dort dazu führen kann, daß ein Kind an ein Talent glaubt, welches in den meisten Fällen schlicht nicht existiert. Damit eine Schüleraufführung funktioniert, muß sie jeden ansprechen, egal, in welchem verwandtschaftlichen Verhältnis zu den Akteuren auf der Bühne man sich befindet. Diese Inszenierung fand mich an der Seite des gähnenden Küchenpersonals.

Indem er auf die überdimensionierte Kiste deutete, die als Krippe diente, sagte ein ganz besonders ungenügender Heiligerdreikönig: »Uns ist ein Kindlein gebohrt.«

Ich mir auch. Vor Langeweile in der Nase.

Nachdem Charles St. Claire (10) letztes Jahr als Dramatiker mit *Leise rieselt der Schnee* zu den schönsten Hoffnungen berechtigt hatte, wollte er dieses Jahr zur Vorweihnachtszeit erneut den Thespiskarren besteigen, der aber war abgefahren, und so mußte er sich mit einer alten Nuckelpinne namens Das *Geschenk des Rentiers* begnügen, welches zur Zeit in der Scottsfield-Grundschule gegeben wird. Der Sentimentalität der Geschichte kommt nur noch ihre Berechenbarkeit gleich, und die Dialoge füllen den Saal wie Monate alte Steaks einen Gefrierwaggon, dessen Kühlaggregat ausgefallen ist. Die Handlung, wenn ich dies Wort so locker verwenden darf, involviert einen Jungen namens Jeremy (Billy Squires), der beim Familienkamin auf Raten-Sie-mal-auf-wen! wartet. Als der Weihnachtsmann irgendwann erscheint, mampft er ein paar Kekse weg und beschenkt unseren Helden mit einem Stapel High-Tech-Kostbarkeiten. Aber Jeremy will keinen Schnickschnack, Jeremy will ein Rentier. Dergestalt unter Druck gesetzt, willigt der Weihnachtsmann ein, sein altes Schlachtroß Blitzen (von einer tapsigen, ungehorsamen Dänischen Dogge dargestellt, die das Programmheft als »Marmaduke II« aufführt) dazulassen. Allein mit seinem ungebärdigen Schützling, kämpft Jeremy mit seinem erbsengroßen Gewissen, und ihm wird schließlich klar, daß »es vielleicht falsch ist, ein Rentier in die Abstellkammer über dem Hobbyraum meines Stiefvaters zu sperren«. Es folgt ein tränenreicher Abschied, der etwa so lange dauert, wie eine riesige Redwood-Eiche von der Aussaat bis zur vollen Reife braucht. Als der Junge das Rentier endlich wieder beim Weihnachtsmann abliefert, ist es uns längst wurscht, ob das Tier lebt oder stirbt. Ich war nur froh, daß es von der Bühne gedrängt wurde, bevor sein Verdauungssystem die achtzehn Pfund Popcorn, derer es bedurft hatte, das Riesenvieh davon abzuhalten, von der Bühne abzuwandern, bevor sein Stichwort gefallen war, verarbeitet und ausgeschieden hatte. Selbst auf die Gefahr hin, einigen unserer saumseligeren Bühnenfreunde die Spannung zu verderben, lassen Sie mich noch enthüllen, daß es sich bei diesem ganzen Zusammentreffen mit Weihnachtsmann und Rentier natürlich um nichts als einen Traum handelte. Unser Held erwacht in voller Weihnachtslaune, hat eine Lektion gelernt und bla und bla und bla.

Der einzige Lichtblick des gesamten Abends war die Anwesenheit von Kevin »Pummel« Matchwell, dem elfjährigen Schweinchen Schlau, welches die Rolle des Weihnachtsmanns mit betörender Authentizität anging. Zwar dämpfte der Umhängebart seine Rede oft bis zur Unverständlichkeit, dafür waren aber seine aneinanderscheuernden Oberschenkelinnenseiten bis zum Nordpol zu hören. Immerhin schien mir diese überladene Inszenierung ein getreues Abbild des für die Jahreszeit typischen Festessens zu sein, lehrte sie uns doch, daß auch die Weihnachtsgans das Fest nicht retten kann, wenn sie zu üppig gefüllt ist.

Wieder einmal haben die Sadisten von der Jane-Snow-Hernandez-Mittelschule zu den glühenden Schüreisen gegriffen, um *Ein Weihnachtsmärchen* in irgendeine Form zu zwingen. Ich hätte vielleicht über die zutiefst schäbige Inszenierung und das bleierne Tempo hinweggesehen, aber wir sprechen hier von Sechstkläßlern, und die sollten es besser wissen. Es hat wirklich nicht den geringsten Sinn, diesen Dickens-Stinker auf die Bühne zu bringen, es sei denn, man blickte hinter die Billigstmoral der Vorlage und machte sich an das wenige histrionische Fleisch, das sie möglicherweise doch zu bieten hat. Der Witz ist, das matschige Kernstück herauszulösen, aber hier wird es als Hauptgericht serviert, das angegangene Dessert. Am meisten Schuld trifft die Regisseurin, Becky Michaels (11), die die Geheimnisse ihrer Spielleitung den hiesigen Schülerlotsen abgeschaut zu haben scheint. Sie neigt dazu, ihre Schauspieler zusammenzuklumpen, und schickt sie nur in Gruppen von mindestens fünf Personen über die Bühne. Als aufrechte Verfechterin einer trendgerechten polyethnischen Besetzungspolitik setzt Michaels uns einen schwarzen Tiny Tim vor, bei dem das Publikum sich fragt: »Wer soll das Kind denn wohl adoptieren?« Dies ist ein Schritt in die falsche Richtung, verbohrt und sinnlos. Die Rolle wurde vom jungen Lamar Williams gespielt, dem es, wenn schon sonst nichts, gelang, ein anständiges Hinken durchzuhalten. Das Programmheft vermerkt, er habe vor kurzem seinen rechten Fuß an den Diabetes verloren, aber war das wirklich Grund genug, ihn einzusetzen? Als Tiny Tim fischt der Junge mit dem Schleppnetz nach Mitleid und versucht sogar dem hellerleuchteten Schild mit der Aufschrift AUSGANG die Schau zu stehlen. Bob Cratchit, der hier von – keine Namenswitze! – Benjamin Banal gespielt wird, scheint seinen Cockney-Akzent von alten Hee-Haw-Videos zu haben, und Hershel Fleishmans Scrooge war fast so lahm wie Tiny Tim.

Das Bühnenbild war nicht ohne Charme, aber Jodi Lennons entsetzliche Kostüme markieren hoffentlich Krönung und Endpunkt einer kurzen und nichtssagenden Karriere. Ich erstickte fast am Geruch lederfarben eingesprühter Turnschuhe, und wenn ich nur noch einen einzigen Zylinder sehe, der aus einer großen Haferflockenbüchse hergestellt wurde, schieße ich, ich schwör's, wild um mich.

Das Problem bei all diesen Vorführungen rührt wahrscheinlich daher, daß sie so irrwitzig gefallsüchtig daherkommen. Mit einem Lächeln, so stramm gedehnt wie ein Bungee-Seil, hüpften und tollten diese hoffnungslosen Amateure auf unseren Bühnen herum, versteckten sich hinter ihrer Jugend und bettelten um, ja, forderten Verzeihung für ihre ungeheuerlichen Fehler. Die englische Sprache wurde zur Paste zerkaut; Gelegenheiten kamen, wurden nicht ergriffen und gingen wieder; die Szenenwechsel waren so langsam, als stäken die Bühnenarbeiter in Ganzkörpergips. Zwar wurde das alles als Festtagsunterhaltung ausgegeben, aber keine einzige dieser Produktionen schaffte es auch nur entfernt, den Geist der Weihnacht zu verströmen. Diese funkelnde Ironie schien den Scharen von Eintrittskartenbesitzern zu entgehen, welche die ungaren Truthähne bis auf die Knochen verschlangen. Hier war ein Publikum, das bei jedem technischen Versagen kicherte und wie von Sinnen applaudierte, sobald eine neue Person die Bühne betrat. Sobald ein Vorhang fiel, sprang es zu einer stehenden Ovation nach der anderen auf, während ich auf meinem Puppenstühlchen verkeilt blieb und mich fragte: »Liegt das nur an denen, oder entgeht mir was?«

Deutsch von Harry Rowohlt

Berties Heiligabend

Es war Heiligabend, und Luke Steffinks (Esq.) Familienkreis glühte dem Anlaß gemäß vor Liebenswürdigkeit und allseitigem Frohsinn. Man hatte ein ausgedehntes und verschwenderisches Abendessen eingenommen, Weihnachtssänger waren vorbeigekommen und aufgetreten, die Haus-Gesellschaft hatte sich auf eigene Faust mit weiteren Weihnachtsgesängen erquickt, kurz, es herrschte eine Ausgelassenheit, die auch von der Kanzel herab nicht als wüste Ausschweifung zu verdammen gewesen wäre. Inmitten der allgemeinen Glut jedoch lag ein schwarzes, nicht glimmendes Stück Asche.

Bertie Steffink, Neffe des vorerwähnten Luke, hatte sich schon früh im Leben den Beruf des Taugenichts zugelegt; bereits sein Vater hatte dieser Zunft angehört. Mit achtzehn hatte Bertie jene Runde von Besuchen unserer Kolonialbesitzungen angetreten, die im Falle eines Prinzen von Geblüt so schicklich und wünschenswert ist, bei einem jungen Mann aus der Mittelschicht jedoch stark auf Unaufrichtigkeit hindeutet. Er war ausgezogen, um Tee in Ceylon und Obst in Britisch-Kolumbien zu züchten und in Australien das Wachstum der Schafwolle zu fördern. Im Alter von zwanzig war er nun gerade von einer ähnlichen Betätigung in Kanada zurückgekehrt, woraus man schließen mag, daß seine Hingabe an diese verschiedenen Experimente reichlich oberflächlich war. Luke Steffink, der bei Bertie die verdrießliche Rolle des Hüters und Eltern-Stellvertreters innehatte, bedauerte den hartnäckig bekundeten Nest-Instinkt seines Neffen, und sein früher am Tag feierlich abgestatteter Dank für das Glück einer vereint versammelten Familie hatte keinerlei Bezug zu Berties Wiederkehr.

Rasch waren Vorkehrungen getroffen worden, den Jüngling in einem fernen Winkel Rhodesiens unterzubringen, von wo sich eine Heimkehr schwierig anstellen ließe; die Reise zu diesem wenig einladenden Ziel stand unmittelbar bevor; ein umsichtigerer und bereitwilligerer Weltreisender hätte bereits ans Packen zu denken begonnen. Darum war Bertie nicht in der Laune, sich an dem festlichen Treiben um ihn her zu beteiligen, und in seinem Innern schwelte Groll über die eifrige, selbstversunkene Erörterung gesellschaftlicher Vorhaben für die kommenden Monate, die er allenthalben zu hören bekam. Davon abgesehen, daß er die Stimmung seines Onkels und des gesamten Familienkreises durch den Vortrag des Liedes »Sag Auf Wiedersehn und nicht Leb Wohl« gedämpft hatte, war er an der abendlichen Geselligkeit nicht beteiligt gewesen.

Vor einer halben Stunde hatte es elf Uhr geschlagen, und die älteren Steffinks hatten Andeutungen in Richtung auf einen allgemeinen Rückzug für die Nacht fallenlassen.

»Komm, Teddie, du solltest schon längst in deinem kleinen Bettchen sein, weißt du«, sagte Luke Steffink zu seinem dreizehnjährigen Sohn.

»Dort sollten wir alle sein«, sagte Mrs. Steffink.

»Da wäre zu wenig Platz«, sagte Bertie.

Nach allgemeiner Auffassung grenzte diese Bemerkung ans Skandalöse; alles aß Rosinen und Mandeln mit der nervösen Betriebsamkeit von grasenden Schafen, während bedrohliches Wetter aufzieht.

»In Rußland«, sagte Horace Bordenby, der als Weihnachtsgast im Hause weilte, »glauben die Bauern, wie ich gelesen habe, daß man am Heiligabend um Mitternacht im Kuhstall die Tiere sprechen hören kann. Angeblich besitzen sie in diesem einen Augenblick des Jahres die Gabe des Sprechens.«

»Ach, *gehen* wir doch *alle* zum Kuhstall und hören uns an, was sie zu sagen haben!« rief Beryl, für die alles aufregend und amüsant war, was im Rudel unternommen wurde.

Mrs. Steffink erhob belustigt Einspruch, gab aber ihr Einverständnis mit der Bemerkung: »Dann müssen wir uns alle warm einpacken.« Die Idee schien ihr leichtfertig, geradezu heidnisch, aber sie bot eine Gelegenheit, »die jungen Leute zusammenzubringen«, und wurde darum von ihr begrüßt. Mr. Horace Bordenby war ein junger Mann mit durchaus stattlichen Aussichten, und auf einem örtlichen Abonnements-Ball hatte er hinreichend oft mit Beryl getanzt, um berechtigte Nachforschungen der Nachbarn zu begründen, ob »da etwas im Busche sei«. Auch wenn Mrs. Steffink es nicht mit denselben Worten ausgedrückt hätte, teilte sie die Vorstellung der russischen Bauernschaft, daß das Tier in dieser Nacht womöglich sprechen würde.

Der Kuhstall befand sich an der Grenze zwischen dem Garten und einer kleinen Koppel, einem in vorstädtischer Umgebung isolierten Überbleibsel eines kleinen Bauernhofs. Luke Steffink war selbstzufrieden stolz auf seinen Kuhstall und seine beiden Kühe; sie verliehen ihm ein Ansehen von Solidität, das auch keine noch so große Zahl von Wyandotte- oder Orpington-Hühnern vermitteln könnte. Sie schienen ihn sogar in gewisser unlogischer Weise mit jenen Patriarchen zu verbinden, die aus ihrem schwankenden Betriebskapital von Schafen und Rindern, Eseln und Eselinnen ihre Geltung herleiteten. Es war ein banges und bedeutsames Ereignis gewesen, als er sich endgültig zu einem passenden Namen für seinen Landsitz durchgerungen hatte. Eine Dezembermitternacht war zwar kaum der Zeitpunkt, den er zur Vorführung seiner Hofgebäude ausgesucht hätte, aber da die Nacht schön war und die jungen Leute einen Grund für harmlose Lustbarkeiten brauchten, willigte Luke ein, die Expedition zu beaufsichtigen. Die Bediensteten waren schon lange zu Bett gegangen, weshalb das Haus in Berties Obhut gegeben wurde, der es unter seiner Würde befand auszuziehen, um die mitternächtlichen Gespräche von Rindvieh zu belauschen.

»Wir müssen leise sein«, sagte Luke als Anführer der kichernden Prozession junger Leute; die Nachhut bildete die in Schal und Kapuze gehüllte Gestalt Mrs. Steffinks; »ich habe immer Wert darauf gelegt, daß dies eine ruhige und friedliche Wohngegend bleiben soll«.

Es war wenige Minuten vor Mitternacht, als die Gesellschaft den Kuhstall erreichte und im Schein von Lukes Stallaterne eintrat. Einen Moment lang verharrten alle in Schweigen, geradezu als hätten sie das Gefühl, in einer Kirche zu sein.

»Daisy – die da am Boden – stammt von einem Kurzhorn-Bullen und einer Guernsey-Kuh ab«, verkündete Luke mit gedämpfter Stimme, die zu dem vorigen Eindruck paßte.

»Ach ja?« sagte Bordenby, als habe er eher erwartet, sie stamme von Rembrandt.

»Myrtle stammt ...«

Ein leiser Aufschrei einer der Frauen erstickte Myrtles Familiengeschichte im Keim.

Die Stalltür war geräuschlos hinter ihnen zugegangen, knirschend hatte sich der Schlüssel im Schloß gedreht; dann hörten sie Bertie mit freundlicher Stimme allen eine gute Nacht wünschen und seine Schritte über den Gartenpfad zurückgehen.

Luke Steffink trat ans Fenster; es war eine kleine quadratische Öffnung altmodischer Art mit ins Mauerwerk eingelassenem Eisengitter.

»Schließ augenblicklich die Tür auf«, brüllte er mit einer ebensolchen Ausstrahlung von drohender Autorität, wie sie eine Henne aufbringen mochte, wenn sie durch das Gatter eines Geheges einen plündernden Falken anschreit. Als Antwort auf seine Aufforderung fiel die Eingangstür mit einem trotzigen Knall ins Schloß.

Eine Uhr in der Nähe schlug Mitternacht. Falls die Kühe in diesem Augenblick die Gabe des Sprechens empfangen haben sollten, wären sie nicht in der Lage gewesen, sich vernehmbar zu machen. Sieben oder acht andere Stimmen waren damit beschäftigt, Berties gegenwärtiges Benehmen sowie seinen Charakter im allgemeinen mit intensivster Erregung und Entrüstung zu beschreiben.

Nach Verlauf von etwa einer halben Stunde war alles, was zulässigerweise über Bertie gesagt werden konnte, etliche Dutzend Male gesagt worden, und andere Themen begannen in den Vordergrund zu rücken – die extreme Muffigkeit des Kuhstalls; die Möglichkeit, daß er in Brand geriete; und die Wahrscheinlichkeit, daß er den vagabundierenden Ratten der Umgebung als Tagungsort diente. Und immer noch zeigte sich den unfreiwillig Wachenden kein Zeichen der Erlösung.

Gegen ein Uhr flog der Schall ziemlich lärmenden und disziplinlosen Weihnachtsliedergesangs heran und kam offenbar genau vor dem Gartentor zu einem jähen Halt. Eine Wagenladung jugendlicher Lebemänner in höchst angeheitertem Zustand hatte wegen irgendeiner Reparatur kurz angehalten; die Stockung erstreckte sich jedoch nicht auf die stimmlichen Bemühungen der Gruppe, und den Beobachtern im Kuhstall wurde eine durchaus unautorisierte Bearbeitung von »Guter König Wenzeslaus« dargeboten, in welcher das Adjektiv »gut« offenkundig sehr unbekümmert gebraucht wurde.

Der Lärm bewirkte, daß Bertie in den Garten hinaustrat, wobei er jedoch die bleichen wütenden Gesichter im Stallfenster vollkommen ignorierte und seine Aufmerksamkeit auf die Nachtschwärmer vor dem Tor konzentrierte.

»Prost, Leute!« brüllte er.

»Prost, Kumpel!« brüllten sie zurück; »wir würden zu gern auf deine Gesundheit trinken, aber wir haben keine Gläser dabei.«

»Kommt rein und prostet drinnen«, sagte Bertie gastfreundlich; »ich bin ganz allein, und es ist massenhaft Flüssiges vorhanden.«

Es waren völlig Fremde, aber seine gefällige Art machte sie augenblicklich zu seinen Genossen. Und gleich darauf schallte die unautorisierte Fassung von »König Wenzeslaus«, die wie viele andere Skandale durch Wiederholung noch schlimmer wurde, über den Gartenpfad; zwei der Zecher führten unterwegs eine improvisierte Darbietung des Treppenwalzers auf einer Terrasse auf, die Luke Steffink bis dahin mit einigem Recht seinen Steingarten genannt hatte. Dessen Steine waren auch nach der dritten Zugabe des Walzers noch vorhanden. Luke, hinter dem Stallgitter mehr denn je einer eingepferchten Henne gleich, war nun in der Lage, die Gefühle von Konzertbesuchern nachzuvollziehen, die dem Rufe nach einer Zugabe, die sie weder wünschen noch verdienen, nicht entgegenwirken können.

Die Eingangstür schlug mit einem Knall hinter Berties Gästen zu, und die fröhlichen Geräusche drangen nur noch schwach und gedämpft zu den mißmutigen Beobachtern am anderen Ende des Gartens. Wenig später ließen sich in rascher Folge zwei unheilverkündende Knallgeräusche vernehmen.

»Sie sind an den Champagner gegangen!« rief Mrs. Steffink.

»Vielleicht ist es nur der Mosel-Schaumwein«, sagte Luke hoffnungsvoll.

Es knallte noch drei- oder viermal.

»Champagner *und* der Mosel-Schaumwein«, sagte Mrs. Steffink.

Luke entkorkte eine Verwünschung, die, wie Brandy in einem Abstinenzler-Haushalt, nur in raren Notfällen gebraucht wurde. Mr. Horace Bordenby hatte bereits seit beträchtlicher Zeit ähnliche Ausdrücke vor sich hin gemurmelt. Das Unternehmen, »die jungen Leute zusammenzubringen«, hatte sich schon zu lange hingezogen, als daß es noch zu irgendeinem romantischen Ergebnis hätte führen können.

Rund vierzig Minuten später öffnete sich die Eingangstür und spie einen Haufen aus, der jegliche schüchterne Zurückhaltung, die seine früheren Aktionen noch beeinflußt haben mochte, abgelegt hatte. Die stimmlichen Bemühungen in Richtung Weihnachtslieder wurden jetzt von Instrumentalklängen unterstützt; ein Weihnachtsbaum, der für die Kinder des Gärtners und anderer Haushaltsangehöriger geschmückt worden war, hatte eine reiche Beute an Blechtrompeten, Rasseln und Trommeln erbracht. Die Lebensgeschichte von König Wenzeslaus war aufgegeben worden, wie Luke dankbar feststellte; jedoch klang es den durchgefrorenen Gefangenen im Kuhstall äußerst aufreizend in die Ohren, daß es »in der alten Stadt heut nacht noch heiß zu und her« gehe, zusammen mit der exakten, aber völlig überflüssigen Information über das nahe Bevorstehen des ersten Weihnachtsfeiertages. Nach den Protestrufen, die sich aus den oberen Fenstern der Nachbarhäuser zu erheben begannen, wurden die im Kuhstall vorherrschenden Gefühle in anderen Quartieren herzlich erwidert.

Die Nachtschwärmer fanden ihr Auto und, was noch bemerkenswerter war, brachten es sogar in Gang, wozu sie aus Blechtrompeten eine Abschiedsfanfare schmetterten. Ein lebhaftes Getrommel offenbarte die Tatsache, daß der Herr des Gelages auf dem Schauplatz geblieben war.

»Bertie!« ertönte ein wütender, flehender Chor aus Gebrüll und Geschrei vom Stallfenster her.

»Hallo«, rief der Inhaber dieses Namens und lenkte seine ziemlich schwankenden Schritte in die Richtung jener Rufe; »seid ihr immer noch da, Leute? Inzwischen werdet ihr wohl alles gehört haben, was die Kühe so zu sagen haben. Wenn nicht, Warten zwecklos. Schließlich isses ne russische Legende und der russische Heiligabend erst in vierzehn Tagen fällich. Kommt lieber raus.«

Nach ein paar untauglichen Versuchen gelang es ihm, den Schlüssel zur Stalltür durchs Fenster hineinzuwerfen. Darauf erhob er seine Stimme zur Melodie von »Ich fürcht mich, im Dunkeln nach Hause zu gehn«, und entschwankte unter lautstarker Trommelbegleitung zum Haus. Die hastige Prozession der Freigelassenen auf seinen Spuren fand dabei freilich völlig andere Worte als die seines überschwenglichen Gesangs.

Es war der glücklichste Heiligabend, den er je erlebt hatte. Um seine eigenen Worte zu zitieren, er hatte ein saumäßiges Weihnachten.

Deutsch von Werner Schmitz

PETER ROETSCHER

Fünf Beweise, daß es den Weihnachtsmann nicht geben kann

1. Keine bekannte Spezies der Gattung Rentier kann fliegen. Aber es gibt 300 000 Spezies von lebenden Organismen, die noch klassifiziert werden müssen, und obwohl es sich dabei hauptsächlich um Insekten und Bakterien handelt, schließt dies nicht mit letzter Sicherheit fliegende Rentiere aus, die nur der Weihnachtsmann bisher gesehen hat.

2. Es gibt 2 Milliarden Kinder (Menschen unter 18) auf der Welt. Aber da der Weihnachtsmann (scheinbar) keine Moslems, Hindus, Juden und Buddhisten beliefert, reduziert sich seine Arbeit auf etwa 15 % der Gesamtzahl – 378 Millionen Kinder (laut Volkszählungsbüro). Bei einer durchschnittlichen Kinderzahl von 3,5 pro Haushalt ergibt das 91,8 Millionen Häuser. Wir nehmen an, daß in jedem Haus mindestens ein braves Kind lebt.

3. Der Weihnachtsmann hat einen 31-Stunden-Weihnachtstag, bedingt durch die verschiedenen Zeitzonen, wenn er von Osten nach Westen reist (was logisch erscheint). Damit ergeben sich 822,6 Besuche pro Sekunde. Somit hat der Weihnachtsmann für jeden christlichen Haushalt mit braven Kindern rund 1/1000 Sekunde Zeit für seine Arbeit: Parken, aus dem Schlitten springen, durch den Schornstein klettern, die Socken füllen, die übrigen Geschenke unter dem Weihnachtsbaum verteilen, alle übriggebliebenen Reste des Weihnachtsessens vertilgen, den Schornstein wieder rauf-

klettern und zum nächsten Haus fliegen. Angenommen, daß jeder dieser 91,8 Millionen Stops gleichmäßig auf die ganze Erde verteilt sind (was natürlich, wie wir wissen, nicht stimmt, aber als Berechnungsgrundlage akzeptieren wir dies), erhalten wir eine Gesamtentfernung von 120,8 Millionen km, nicht mitgerechnet die Unterbrechung für das, was jeder von uns mindestens einmal in 31 Stunden tun muß, usw. Das bedeutet, daß der Schlitten des Weihnachtsmannes mit 1040 km pro Sekunde fliegt, also der 3000fachen Schallgeschwindigkeit. Zum Vergleich: Das schnellste von Menschen gebaute Fahrzeug auf der Erde, der Ulysses Space Probe, fährt mit lächerlichen 43,8 km pro Sekunde. Ein gewöhnliches Rentier schafft höchstens 24 km pro STUNDE.

4. Die Ladung des Schlittens führt zu einem weiteren interessanten Effekt. Angenommen, jedes Kind bekommt nicht mehr als ein mittelgroßes Lego-Set (etwa 1 kg), dann hat der Schlitten ein Gewicht von 378 000 Tonnen geladen, nicht gerechnet den Weihnachtsmann, der übereinstimmend als übergewichtig beschrieben wird. Ein gewöhnliches Rentier kann nicht mehr als 175 kg ziehen. Selbst bei der Annahme, daß ein »fliegendes Rentier« (siehe Punkt 1) das ZEHNFACHE normale Gewicht ziehen kann, braucht man für den Schlitten nicht acht oder vielleicht neun Rentiere. Man braucht 216 000 Rentiere. Das erhöht das Gewicht – den Schlitten selbst noch nicht einmal eingerechnet – auf 410 400 Tonnen. Nochmals zum Vergleich: Das ist mehr als das vierfache Gewicht der »Queen Elizabeth«.

5. 410 400 Tonnen bei einer Geschwindigkeit von 1040 km/s erzeugt einen ungeheuren Luftwiderstand – da-

durch werden die Rentiere aufgeheizt, genauso wie ein Raumschiff, das wieder in die Erdatmosphäre eintritt. Das vorderste Paar Rentiere muß dadurch 16,6 TRILLIONEN joule Energie absorbieren. Pro Sekunde. Jedes. Anders ausgedrückt: sie werden praktisch augenblicklich in Flammen aufgehen. Das gesamte Team von Rentieren wird innerhalb von 5 Tausendstelsekunden vaporisiert. Der Weihnachtsmann wird währenddessen einer Beschleunigung von der Größe der 17 500-fachen Erdbeschleunigung ausgesetzt. Ein 120 kg schwerer Weihnachtsmann (was der Beschreibung nach lächerlich wenig sein muß) würde mit einer Kraft von 20,6 Millionen Newton an das Ende seines Schlittens genagelt.

Damit kommen wir zu dem Schluß: WENN der Weihnachtsmann irgendwann einmal die Geschenke gebracht haben sollte, hat er das nicht überlebt.

Der Teufel in der Weihnachtsnacht

Ein päpstlicher Alptraum

Schwester Innocentia war schuld.

Aus ihrem deutschen Stammkloster schon vor langen Jahren nach Rom entsandt und bei aller Begeisterung für die Heilige Stadt immer noch von kulinarischem Heimweh geplagt, hatte sie eine Mischung aus Panettone und Dresdener Christstollen kreiert, die mehr magenbeschwerende Köstlichkeiten enthielt, als der Kirchenkalender Heilige zählt. Und sie hatte, die Gewohnheiten und Schwächen ihres Dienstherren wohl kennend, gestern abend einen verführerischen Teller davon auf seinem Kopfkissen, direkt unter dem Kruzifix plaziert. Er hatte der Verführung nicht widerstehen können.

Der Papst rieb sich ächzend den Magen. Jedes Jahr nahm er sich vor, fit und rank in den berufsbedingten Weihnachtsstress zu gehen, und jedes Jahr kam ihm Schwester Innocentias Original Dresdener Christpanettone dazwischen. Er beschloß, ihr ein hübsch gerahmtes handgeschriebenes Vaterunser unter den Weihnachtsbaum zu legen, die Worte »… und führe uns nicht in Versuchung« rot unterstrichen. Er tastete nach dem Notizblock, der immer auf dem Nachttisch bereitlag, und faßte in einen Teller voller Puderzuckerreste und Mandelsplitter.

Der Gummizug seiner Pyjamahose spannte unangenehm über seinem von kandierten Früchten, Marzipan und Rosinen geblähten Bauch. Vielleicht hatte Schwester Innocentia doch recht mit ihrer Ansicht, ein Pyjama sei kein passendes Kleidungsstück für einen Papst. Sie versuchte schon seit Jahren, ihn zu langen weißen Nachthemden zu überreden. Aber die waren ihm immer den Hängerchen zu ähnlich gewesen, die er in der Öffentlichkeit tragen mußte.

Von einem Kirchturm schlug es drei. Eine zweite Glocke stimmte ein, eine dritte und eine vierte. Das ist das Unangenehme an einer Wohnung im Vatikan: Wenn man hier wach im Bett liegt, wird man von allen Seiten daran erinnert, zu welch unchristlicher Stunde man sich immer noch ruhelos von einer Seite auf die andere wälzt. »›Unchristlich‹ darf ich in diesem Zusammenhang gar nicht denken«, dachte der Papst und schlummerte für zwei Minuten ein.

Diesmal waren es die Krümel, die ihn weckten. Durch irgendeine Perfidie in Schwester Innocentias Weihnachtsrezept waren sie besonders scharfkantig geraten, und ein paar von ihnen hatten sich, mit der sadistischen Treffsicherheit von Folterknechten, die einen urchristlichen Märtyrer seiner Heiligsprechung entgegenquälen, an besonders empfindlichen Stellen innerhalb des päpstlichen Pyjamas eingenistet. »Der Teufel soll sie holen!« murmelte der Papst und fiel in einen unruhigen Schlaf.

Der Teufel fuhr einen roten Ferrari. Feuerwehrrot ist die Lieblingsfarbe aller infernalischen Geschöpfe. Sie werden gern daran erinnert, daß sie über ein Feuer verfügen, das auch der modernste Spritzenwagen nicht löschen kann. Aber warum gerade ein Ferrari? Warum nicht? Auch der Papst ist ja meistens ein italienisches Modell.

Daß es sich um den Teufel handeln mußte, merkte man nur schon daran, daß er mit Vollgas durch die engsten römischen Straßen brettern konnte, ohne auch nur ein einziges Mal im Stau steckenzubleiben. An den Schweizergardisten war er vorbeigekurvt, bevor die auch nur daran denken konnten, das Posieren für die knipsenden Touristen einzustellen und ihre Hellebarden als Straßensperre einzusetzen. Mit satanischer Rücksichtslosigkeit stellte er den Wagen direkt neben dem Haupteingang auf dem Parkplatz ab, der eigentlich für den Kardinal-Staatssekretär reserviert war. Ein echter Teufel schreckt vor keinem Sakrileg zurück.

Man erkennt die Bewohner der Hölle schon lange nicht mehr an irgendwelchen Bocksfüßen, und es ist auch vergebliche Liebesmüh, in der Hose ihres Maßanzugs einen sorgfältig versteckten Ringelschwanz entdecken zu wollen. Das einzige Requisit, das sie nach moderner höllischer Etikette immer bei sich zu tragen verpflichtet sind, ist ein Aktenköfferchen. Teufel sehen aus wie Versicherungsvertreter. So verschieden sind die beiden Berufsgattungen ja auch nicht: Beide haben sich darauf spezialisiert, Policen für das Paradies auszustellen und das feurige Schwert ins Kleingedruckte wegzumogeln.

Der Teufel, der den Papst besuchen kam, teilte mit einem guten Versicherungsvertreter noch eine weitere Fähigkeit: die Gabe, sich chamäleonartig jeder Umgebung anzupassen und dadurch immer und überall so auszusehen, als ob er dazugehörte. Als er an den goldgerahmten Ölgemälden auf dem langen Flur vorbeiging, bekam sein Gesicht haarfeine Risse wie alter gesprungener Firnis, vor den schweren flandrischen Teppichen wurden seine Haare zu verblaßtem Flaum, und wenn sich eine der holzgeschnitzten Türen lautlos vor ihm öffnete, glänzte sein Teint wie vom Olivenöl, mit dem die kunstvollen Paneele seit Jahrhunderten poliert worden waren. Kurz: Er wurde quasi – oder in seinem Fall vielleicht sogar tatsächlich – unsichtbar. Wer will das so genau wissen? Auf jeden Fall hielt ihn niemand auf, als er das Schlafzimmer des Papstes betrat. Seine Heiligkeit hatte in der letzten Nacht wirklich sehr schlecht geschlafen.

»Schicker Pyjama«, sagte der Teufel anerkennend.

Der Papst schlug verwirrt die Augen auf und sah einen völlig fremden Mann an seinem Bett stehen, der sich mit dem fürsorglichen Lächeln eines Oberkellners über ihn beugte. »Wer sind Sie?«

Eine Visitenkarte wuchs – zumindest sah es in den noch schlaftrunkenen Augen des Papstes so aus – aus der überraschend behaarten Handfläche des Besuchers. »Teufel«, stellte er sich mit einer formvollendeten Verbeugung vor.

Erschrocken tastete der Papst nach dem Kreuz an der Halskette, die er seit seinen Tagen auf dem Priesterseminar nie mehr abgelegt hatte. Aber sein Gast schüttelte nur leicht amüsiert den Kopf und sprach weiter: »Hieronymus Teufel. Altes schwäbisches Patriziergeschlecht. Selbstverständlich katholisch. Schon immer.«

»Wie … wie kommen Sie hier herein?«

»Es hat mich niemand aufgehalten.« Moderne Teufel lügen nicht. Sie pflegen, wie medienbewußte Politiker, nur einen ökonomischen Umgang mit der Wahrheit. Es ist nicht ganz klar, wer die Technik von wem gelernt hat.

»Und was wollen Sie hier?«

Der Teufel setzte sich auf die Bettkante. Wenn jemand hereingekommen wäre, hätte er geschworen, hier betreue ein vertrauter Hausarzt einen alten Patienten. »Ich bin gekommen, um zu helfen«, sagte der Teufel.

»Mir?«

»Auch Ihnen. Allen guten Christen. Der ganzen Kirche.«

»Wie soll ich das verstehen?«

»Sehen Sie«, sagte der Teufel und saß plötzlich an dem Schreibtisch, an den sich außer dem Papst selber niemand, aber wirklich niemand setzen durfte, »sehen Sie, Eure Heiligkeit, mit den Finanzen der Kirche ist es nicht zum besten bestellt. Ich habe hier den Abschluß des letzten Jahres ...« Mit der betont nonchalanten Geste eines Zauberers, der einem leeren Zylinder einen riesigen Blumenstrauß entnimmt, holte er einen Packen Computerausdrucke aus der Luft und ließ sie, sich entfaltend, bis auf den Boden flattern – »... und wenn man sich die Zahlen so ansieht, dann muß man feststellen: Als Privatunternehmen müßte der Heilige Stuhl schon bald einmal daran denken, die ersten Mitarbeiter zu entlassen.«

Über den Rand einer schmalen Brille hinweggucken wies er auf eine Zeile und schnalzte mißbilligend mit der Zunge. »Wirklich sehr bedenkliche Zahlen.«

»Woher ...?« setzte der Papst an, aber sein Besucher – auch das hatte er mit einem Versicherungsvertreter oder einem Politiker gemeinsam – ließ ihn gar nicht zu Worte kommen. »Fusionieren wäre natürlich eine Möglichkeit«, fuhr er nachdenklich fort. »Einen Partner mit ähnlicher Produktepalette suchen und dann die Synergien nutzen. Die Mitarbeiterzahl verkleinern und unnötige Produktionsstätten abstoßen.«

»Was für Produktionsstätten?«

»Ich denke an all die vielen Orte, wo eine katholische neben einer evangelischen Kirche steht, und beide sind in der gegenwärtigen Marktsituation nicht ausgelastet. Und das trotz oft bester Citylagen. Wenn sich dieser brachliegende Immobilienbestand aktivieren ließe ...«

»Aktivieren?« Der Papst glich in diesem Moment sehr dem Tiziangemälde über seinem Schreibtisch. Es zeigte den heiligen Antonius von Padua beim Abwehren einer Versuchung. »Wollen Sie damit sagen: Wir sollen Kirchen verkaufen??«

»Aber nicht doch!« beruhigte ihn sein Besucher.

»Gott sei Dank!«

Der Besucher zuckte zusammen. Irgend etwas an diesem Wort schien ihm nicht gut zu bekommen. »Ich würde vorschlagen: Leasing«, fuhr er fort. »Die Gebäude für neunundneunzig Jahre verpachten oder so. Als Disco oder Supermarkt.«

»Das kommt überhaupt nicht in Frage!« sagte der Papst mit seiner donnerndsten Ex-Cathedra-Stimme. Sein Gegenüber schien dadurch nicht beeindruckt.

»Genau die Reaktion, die ich erwartet habe«, antwortete der Teufel. »Ich wollte Ihnen ja auch nur die ganze Bandbreite der Möglichkeiten deutlich machen, die ein modernes Marketingkonzept auch für Ihr Unternehmen zu bieten hat. Aber wahrscheinlich haben Sie recht. Man sollte sich bei Kooperationen nicht allzuweit vom angestammten Produktemix entfernen. Das ist nicht gut für die Kundenbindung. Wenn sich allerdings eine verwandte Branche finden ließe, die ...« Er kratzte sich nachdenklich mit einem gepflegten Fingernagel an der Stirne. Einen Moment lang sah es unwahrscheinlicherweise so aus, als ob dabei Funken sprühten. Dann schien der Teufel einen Einfall zu haben. »Wissen Sie was«, sagte er, »warum begleiten Sie mich nicht einfach auf einen kleinen Ausflug? Ich möchte Ihnen gerne etwas zeigen.«

»Unmöglich«, protestierte der Papst. »Ich kann doch jetzt nicht weg! Es ist Weihnachten, und da werde ich hier dringend gebraucht!«

Aber der Teufel, wie die Weltgeschichte lehrt, ist ein meisterhafter Überzeuger, und so saß der Papst plötzlich mit in dem roten Ferrari und sie flogen – Wie kam's? Wie ging's? – hoch über die Dächer von Rom hinaus. Der Teufel bediente mit zwei Fingern – Waren es Finger? Waren es Krallen? – das Lenkrad und wies mit der andern Hand auf die zahllosen Kirchtürme, die das Stadtbild sprenkelten. »Totes Kapital«, sagte er vorwurfsvoll und nahm einer Taube die Vorfahrt, »nichts als totes Kapital.«

»Wo fliegen wir denn hin?«

»Zu einer Premiere.« In einer scharfen Linkskurve (Teufel bevorzugen Linkskurven) bog er in eine Wolke ein, und als sie wieder daraus auftauchten, trug der Papst statt seines Pyjamas einen schneeweißen Smoking mit einer purpurfarbenen Rose am Revers. Zu seiner Überraschung war er davon überhaupt nicht überrascht. »Das Theater«, dozierte der Teufel, während er dem Kapitän eines Jumbojets mit einem gewagten Überholmanöver einen höllischen Schrecken einjagte, »das Showbusiness ganz allgemein war doch schon immer eine verwandte Branche. Die große Show damals am Sinai – bis heute unübertroffen! Natürlich darf sich eine Firma mit dem Renommée der Ihren nicht auf zweitklassige Partner einlassen. Die besten sind gerade gut genug. Und ich habe die besten an der Hand. Sie werden sehen.« Der Teufel lächelte selbstgefällig und setzte zum Sturzflug an.

Das alte Zentrum von Paris war weiträumig abgesperrt. Berittene Gardisten mit glänzenden Helmen hielten den Weg frei für die Limousinen, die sich aus allen Himmelsrichtungen den Weg zur Kathedrale bahnten. Atemlose Klatschreporter feierten Schnellsprechorgien beim Aufzählen der internationalen Prominenz. Lady Di stieg, eine Menge Bein zeigend, aus einem Rolls-Royce, und Arnold Schwarzenegger betonte in österreichischem Amerikanisch vor einem Mikrofon nach dem andern, daß Kultur für ihn schon immer das Wichtigste auf der Welt gewesen sei. Michael Jackson kam allein, Barbra Streisand am Arm von Kardinal Lustiger.

Und überall in Paris hingen die Plakate: »Andrew Lloyd Webber proudly presents DER GLÖCKNER VON NOTRE DAME zum ersten Mal am Originalschauplatz.«

»Die Möglichkeiten sind unerschöpflich«, erklärte der Teufel stolz. »Nur schon der kirchliche Anteil an den Merchandising-Produkten deckt das Defizit einer mittleren Diözese. Wir rechnen damit, daß allein der Verkauf an Gummibuckeln ...«

»Gummi ... was?«

»Das perfekte Souvenir. Ein Rucksack in der Form eines Buckels. Damit sich jeder Besucher der Vorstellung selber als Glöckner von Notre Dame fühlen kann. Ja, USC denkt an alles.«

»Wer oder was ist USC?«

»Unser Kooperationspartner bei diesem Projekt. Die Firma von Andrew Lloyd Webber. USC steht für ›Really Useful Company‹. Eigentlich schade, daß der Name schon vergeben ist«, fügte der Teufel nachdenklich hinzu. »Die ›Wirklich Nützliche Gesellschaft‹ klingt irgendwie viel fetziger als einfach nur ›Katholische Kirche‹.«

»Wir sollen in Notre Dame Buckel als Souvenir verkaufen?«

»Nicht nur Buckel natürlich. Auch T-Shirts und Aschenbecher und CDs und auch Schlüsselanhänger und ...«

Der Papst unterbrach ihn wütend. »Kennen Sie die Geschichte, wie der Herr die Händler und Wechsler aus dem Tempel jagte?«

»Nein«, sagte der Teufel, »kenne ich nicht. Klingt aber gut. Meinen Sie, daß das vielleicht ein Stoff für eine Nachfolgeproduktion sein könnte?«

Bevor der Papst antworten konnte, war ein Fernsehreporter an die beiden herangetreten. »Für die jüngeren Zuschauer, die ihn vielleicht nicht mehr kennen«, lächelte er in die Kamera, »der freundliche alte Herr, der hier direkt hinter den Spice Girls mit ihren originellen bauchfreien Kostümen über den roten Teppich schreitet, ist der Papst. Er ist – genau wie Ursula Andres – eigens zu diesem gesellschaftlichen Anlaß aus Rom eingeflogen. Herr Papst, Sie sind hier ja gewissermaßen der Hausherr. Was sagen Sie dazu, daß man dieses Jahr in Notre Dame das Weihnachtsfest nicht mit der traditionellen Mitternachtsmesse begeht, sondern mit der Premiere eines neuen Musicals?«

»Ich finde es furchtbar«, wollte der Papst sagen, »und ich werde es nicht zulassen. Nicht in Notre Dame, nicht im Kölner Dom und überhaupt nirgends. Wir werden nicht fusionieren und nicht kooperieren und keine Gummibuckel mit Notre-Dame-Schriftzug verhökern!«

All das wollte er sagen. Aber auf unerklärliche Weise war der rote Teppich plötzlich wieder zu einem roten Ferrari geworden, das Gewitter der Blitzlichter zu einem Wetterleuchten in weiter Ferne, und neben ihm saß der Teufel, der mit Vollgas zwischen zwei Schäfchenwolken durchsteuerte und kopfschüttelnd sagte: »Wirklich sehr schade. Nur schon das Lied des Glöckners hätte Ihnen Hunderte von Kircheneintritten gebracht. Die Melodie war schon bei Puccini ein Hit. Und die Zeile ist doch einfach toll: *I may stumble, I may lurch, but I love to go to church.*«

Der Teufel drückte das Gaspedal bis zum Anschlag durch, und sie versanken in einem Wolkengebirge. Die wogenden Hügel stürzten von allen Seiten auf den Papst ein und wurden zu einem riesigen Sack, jawohl, zu genau so einem Sack, wie ihn der Nikolaus immer bei sich trägt, ein brauner Jutesack, prall gefüllt mit kandierten Früchten und Mandelsplittern und Marzipan und all den anderen Zutaten, aus denen Schwester Innocentia ihre tonnenschwere Weihnachtsspezialität zusammenzurühren pflegte. Und dann war der Sack plötzlich ein Federbett, unter das der Papst mit dem Kopf geraten war, und er zappelte und prustete und strampelte und hatte sich endlich, endlich von dem Alpdruck befreit. Er schlug die Augen auf, und …

»Schön, daß Sie wieder da sind«, sagte der Teufel, der sich gerade eine Zigarette anzündete, ohne dafür einen Anzünder zu brauchen. »Wir werden schon erwartet.«

»Erwartet? Wo?«

»Nicht weit. Nur einen Mausklick von hier entfernt.« Der Teufel hatte statt der Gangschaltung plötzlich eine Maus in der Hand, ein graues, nein, gräuliches Ungeheuer mit rotglühenden Augen, die den Papst hämisch anzugrinsen schienen.

»Apage, Satanas!« flüsterte der ganz automatisch, aber der Teufel und seine Maus schüttelten nur synchron die Köpfe.

»Damit hat man vielleicht im Mittelalter was erreicht«, sagte der Teufel fast mitleidig – oder war es die ebenso spitzzahnige Maus, die da sprach? –, »aber doch nicht mehr heute im Zeitalter der Elektronik.« Er drückte auf die Maus, die Maus piepste, und schon bog der Ferrari von der Milchstraße ab und fädelte auf der Datenautobahn zwischen mit Lichtgeschwindigkeit dahinrasenden Bytes wieder ein. Teufel haben immer Vorfahrt.

Der Papst – und wieder wunderte er sich, daß er sich darüber nicht wunderte – trug jetzt einen weißen Overall und einen gleichfarbenen Schutzhelm. Überhaupt waren alle Leute in dem Labor, vor dem der teuflische Ferrari ihn ausgeladen hatte, so gekleidet. Sogar die Maus trug einen Overall und sah darin so disneyhaft niedlich aus, daß der Papst vor Schreck fast aufgewacht wäre.

In der Mitte des Raumes, der für die mit solchen Dingen unvertrauten Augen des Pontifex Maximus aussah wie eine Mischung aus Baustelle und Operationssaal, war eine Fläche mit roten Samtkordeln abgetrennt. Von Scheinwerfern angeleuchtet stand dort auf einem kleinen Podest ein mit einem weißen Tuch abgedecktes Etwas. »Eine Statue, die ich enthüllen soll«, dachte der Papst und fühlte sich gleich wohler. Auf seinen Weltreisen hatte er schon an vielen solchen Enthüllungen teilgenommen. Meistens hatte es sich dabei allerdings um Gedenktafeln gehandelt, deren einziger Zweck darin bestand, der Tatsache zu gedenken, daß sie vom Papst persönlich enthüllt worden waren.

»Ich habe hier eine Statistik«, sagte der Teufel, und wieder ließ er einen langen Computerausdruck wie eine Prozessionsfahne durch den Raum flattern, »über die Personalprobleme der Kirche. Danach ist der Nachwuchsmangel im Priesterberuf ein drängendes und bisher völlig ungelöstes Problem. Ich freue mich, Ihnen eine Lösung anbieten zu können, die diese Schwierigkeiten mit einem Schlag aus der Welt schafft. Sie müssen sich nur zu einer mutigen Entscheidung durchringen, und schon …«

»Nein!« unterbrach ihn der Papst, denn in diesem Punkt hatte er auch in den tiefsten Tiefen eines christpanettonebedingten Albtraums keine Zweifel, »das Zölibat bleibt! Priester müssen enthaltsam leben!«

Das allgemeine Schweigen, das auf diesen Satz folgte, wurde durch ein leises, schrilles Piepsen gestört. Es klang fast wie ein Kichern. Aus irgendeinem Grunde schien sich die Maus gewaltig zu amüsieren.

»Ich spreche nicht vom Zölibat«, sagte der Teufel schnell und schleuderte die Maus mit einem gezielten Tritt in den weit aufgerissenen Schlund eines Aktenvernichters. Ein leises Surren, und sie war verschwunden. »Ich spreche vom Ersatz von Manpower durch High-Tech. Ich präsentiere Ihnen hier …« – ein Fingerschnipsen rief aus dem Nichts eine Fanfare ab – »ich präsentiere Ihnen hier ›Absolvo 2000‹, den Beichtstuhl der neuen Generation!«

Wie eine riesige weiße Taube flatterte das Tuch in die Höhe und verschwand in der Unendlichkeit. Darunter kam nicht, wie der Papst erwartet hatte, eine Statue zum Vorschein, sondern eine Art Verkaufsautomat mit Bildschirm, Kopfhöreranschluß und jeder Menge blinkender Tasten. »Ich hör dir zu«, sagte eine tiefe, in überirdischen Bässen vibrierende Stimme, und wiederholte immer wieder: »Ich hör dir zu … Ich hör dir zu … Ich hör dir zu …«

»Wir haben für Absolvo 2000 die Stimme von Heino lizenzieren können«, erklärte der Teufel stolz. »Was

MacDonald's recht ist, kann der Kirche nur billig sein. Gerade weil unser Gerät keine Brust im eigentlichen Sinne hat, schien uns der Brustton der Überzeugung um so wichtiger. Wir haben Heino übrigens kostenlos bekommen«, fügte er triumphierend hinzu und grinste dabei so teuflisch, daß der Papst zum ersten Mal wirklich verstand, warum der Stolz eine Todsünde ist. »Ein kleiner Hinweis auf eine Privathölle, in der bis in alle Ewigkeit immer nur ›Blau, blau, blau blüht der Enzian‹ läuft, hat vollkommen genügt.«

»Was ist das für eine Maschine?«

»Der erste vollautomatische elektronische Beichtstuhl. Auf allen wichtigen Planeten zum Patent angemeldet. Wenn Sie ihn vielleicht einmal ausprobieren wollen?«

»Nein«, sagte der Papst streng und sah, abgesehen von seinem Overall, ganz so aus wie ein wütender Moses kurz vor dem Zertrümmern der Gesetzestafeln. »Ich will ihn nicht ausprobieren!«

»Aber Absolvo 2000 hat serienmäßig einen stufenlos regelbaren Filter für läßliche Sünden ...«

Der Papst schüttelte den Kopf.

»Einen selbstreinigenden Absolutionsdispenser ...«

Der Papst verschränkte die Arme.

»Und er ist ortsunabhängig! Zum ersten Mal kann nicht mehr nur in der Kirche gebeichtet werden, sondern überall. Am Bahnhof. Im Parkhaus. Im Supermarkt.«

Der Papst wandte sich ab.

»Dem kann man es aber auch wirklich nicht recht machen«, murmelte der Teufel vor sich hin und folgte ihm zum Auto.

Heinos Stimme, fast ein bißchen beleidigt, wiederholte in der Ferne verklingend: »Ich hör dir zu ... Ich hör dir zu … Ich hör dir zu … Ich hör dir …« Dann war der Ferrari auch schon wieder unterwegs.

»Sie machen es einem wirklich nicht leicht«, schimpfte der Teufel und legte mit spitzen Fingern den elften Gang ein. (Höllische Ferraris haben sehr viel mehr Gänge als irdische. Der Straßenzustand in der Unterwelt ist nicht immer der beste.) »Ich höre ihn da oben schon kichern, weil er hofft, ich würde meine Wette mal wieder verlieren.«

»Welche Wette?«

»Immer die gleiche. Manchmal geht es um Hiob, manchmal um Faust, und heute geht es eben um Sie.«

»Um meine Seele, meinen Sie?«

»Keine Fangfragen! Wir wetten eben gerne. Irgendwie muß man sich ja die Zeit vertreiben. Haben Sie sich schon mal überlegt, wie langweilig es einem werden kann, wenn man die ganze Ewigkeit vor sich hat? Es wird uns beiden manchmal so unbeschreiblich fad, mir und dem da oben.«

Der Papst kannte aus den Legendenbüchern viele Heilige, die nach langem Fasten einen Blick in eine andere Welt getan hatten. Aber daß die umgekehrte Methode genauso funktionierte, daß man nicht nur mit leerem Magen, sondern auch nach dem Genuß einer übermäßigen Menge weihnachtlicher Süßigkeiten zu völlig neuen theologischen Erkenntnissen gelangen konnte, das war ihm neu. »Sie meinen«, fragte er mit zitternder Stimme, »Sie meinen: Gott langweilt sich?«

Der Teufel zuckte zusammen wie unter einem plötzlichen Migräneanfall. »Ich wäre Ihnen dankbar, wenn Sie den Namen nicht erwähnen würden.«

»Entschuldigung«, sagte der Papst.

»Schon gut. Natürlich langweilt sich der da oben. Immer nur allwissend sein und ab und zu mal eine neue Welt erschaffen, das füllt den Tag ja auch nicht aus.«

»Und dann wettet er mit Ihnen?«

»Nicht nur mit mir. Manchmal auch mit einem seiner Engel. Aber die lassen ihn ja immer gewinnen, diese rückgratlosen Speichellecker.«

»Waren Sie nicht selber einmal ein Engel?«

Der Teufel verschluckte sich und mußte erst ein ganzes Weilchen Feuer in sein Taschentuch spucken, bevor er weiterreden konnte. »Meine Biographie ist meine Privatsache«, sagte er dann würdevoll.

»Entschuldigung.« Es fiel dem Papst gar nicht auf, daß er sich jetzt schon das zweite Mal bei Satan entschuldigte. »Haben Sie denn schon einmal eine Wette gegen … ich meine: gegen den da oben gewonnen?«

»Ich gewinne dauernd. Er findet nur immer einen Trick, um den Gewinn dann doch selber einzustreichen.«

»Sie wollen doch nicht etwa behaupten, daß Gott … Entschuldigung … daß der da oben mogelt?«

»Aber nein!«

»Das will ich auch hoffen.«

»Er geht immer streng nach den Regeln vor. Aber schließlich ist er es, der die Regeln bestimmt.« Ein Schauer blinkender Sternschnuppen hüllte den Wagen ein. »Sehen Sie«, sagte der Teufel vorwurfsvoll, »jetzt lacht er mich auch noch aus.«

Dann fielen sie. Senkrecht in die Tiefe tauchte der Ferrari, quer durch die Harfenprobe eines Engelorchesters, haarscharf vorbei an den Rentieren vor dem Schlitten des Weihnachtsmanns, immer tiefer hinab, durch Wolkengebirge und Schwärme auseinanderstiebender Vögel, tiefer und tiefer, auf Gebirge zu, die sich ihnen entgegenreckten wie Krallen, durch Gletscherspalten und Schluchten, und immer weiter fielen sie, rasten auf Städte zu, auf Häuser, auf Dächer. Der Papst fragte sich schon, ob der Sturz wohl erst in der Hölle enden würde, und der Teufel, der einen auch hört, wenn man gar nichts gesagt hat, antwortete bedrohlich beruhigend: »Nicht direkt in der Hölle, aber so ähnlich. Ich habe für die Menschen etwas noch Besseres erfunden.«

Auf eine riesige Schüssel aus Metall stürzten sie zu, fielen durch sie hindurch, rasten rüttelnd und schüttelnd durch ein Labyrinth aus Röhren und Kabeln und Leitungen, es wurde dunkel um sie herum, ein von tanzenden Lichtblitzen vibrierendes Schwarz, und dann wurde ein leuchtendes Rechteck größer und immer größer, sie sausten auf einen Bildschirm zu, durch ihn hindurch – und eine professionell freundliche weibliche Stimme sagte: »Und jetzt begrüßen Sie bitte mit mir einen weiteren Gast in unserer Talkrunde: den Papst persönlich!«

Applaus brandete auf und schwappte wie eine Welle über den Papst hinweg. Er saß in einem Designersessel, an dessen Seitenlehnen er sich mit beiden Händen festklammern mußte, um nicht in den Tiefen des fotogenen Modells zu versinken, vier Objektive waren auf ihn gerichtet wie die riesigen Augen mythologischer Tiere, und die Stimme, deren Besitzerin er von Scheinwerfern geblendet immer noch nicht hatte eruieren können, wollte von ihm wissen: »Was halten Sie von der neuen Frühjahrsmode?«

»Wie bitte?«

»Wer ist Ihr ganz persönlicher Favorit in dem Kampf, der in diesem Jahr auf den Laufstegen tobt?«

»Was für ein Kampf?«

»Auf der einen Seite schwingende, glockenförmige

Röcke, und auf der anderen Seite diese hautengen Kreationen, die die Weiblichkeit so aufregend betonen.«

»Ich verstehe nichts von Kleidern«, sagte der Papst.

»Deshalb haben wir Sie ja eingeladen. Wer könnte den Streit der Experten besser entscheiden als ein Mann, der bei diesem Thema gewissermaßen beruflich zur Neutralität verpflichtet ist? Wir freuen uns ganz besonders ...«

»Ich gehöre nicht hierher!«

Aber die unerbittlich freundliche Stimme war keine von jenen, die sich gerne unterbrechen lassen. »Wir freuen uns ganz besonders«, fuhr sie fort, »daß wir Ihnen, liebe Zuschauer, in unserem diesjährigen bunten Weihnachtsprogramm nicht nur Günther Strack und Claudia Schiffer, sondern als erste Talkshow überhaupt den Papst präsentieren dürfen. Live bei uns! Was der Heilige Vater zum Thema Mode, zur Zukunft von Lady Di und zum Schutz der Delphine zu sagen hat, das erfahren Sie gleich nach dieser kurzen Unterbrechung. Bleiben Sie dran, ich zähl auf Sie!«

Ein neuer Brecher aus Applaus und Getrampel schlug über dem Papst zusammen, eine fremde Frau tupfte ihm das Gesicht mit Puder ab, und der Teufel flüsterte ihm vorwurfsvoll ins Ohr: »Sie müssen lockerer sein, viel lockerer!«

»Aber ...«

»Ab und zu ein kleines Scherzchen machen. Eine Anekdote erzählen. Vielleicht die Geschichte von Daniel in der Löwengrube. Tiere kommen immer gut an.«

»Wo bin ich hier?«

»Die erfolgreichste Talkshow des deutschen Fernsehens. Manche Leute würden ihre Seele verkaufen, um hier sitzen zu dürfen. War nur ein Scherz.«

»Ich kann doch als Nachfolger Petri nicht in einer solchen Sendung ...«

»Denken Sie an die Demographie! Talkshows werden erfahrungsgemäß gerade von Hausfrauen besonders gerne gesehen. Und das ist doch Ihr Stammpublikum.«

»Keiner meiner Vorgänger hat jemals ...«

»Keiner Ihrer Vorgänger hatte die Möglichkeit dazu. Hier tut sich ein völlig neues Feld für Sie auf. Unbeschränkte Entwicklungsmöglichkeiten! Stellen Sie sich zum Beispiel vor: eine tägliche Talkshow auf Radio Vatikan. Vom Papst persönlich präsentiert! Ich hab auch schon einen schlagkräftigen Titel dafür: *Der Heilige Stuhl.*«

»Ich werde niemals zulassen ...« setzte der Papst an, aber da ertönte aus einem Lautsprecher die Durchsage: »Noch zehn Sekunden, noch fünf, vier, drei, zwei, eins«, eine neue Applauswoge ließ ihn vergessen, was er hatte sagen wollen, und die gnadenlos freundliche Stimme, deren Ursprung er immer noch nicht zu Gesicht bekommen hatte, verkündete: »Bevor ich unserem heutigen Stargast, dem Papst, einige intime Fragen stelle, möchte ich Ihnen zeigen, wie man es auch im Vatikan versteht, mit der Zeit zu gehen. Bühne frei für unsere kleine Modeschau!«

Und dann trippelten sie herein, die Nonnen und Mönche, in Kutten aus Mohair und Hauben aus Alcantara. Ihre Sandalen hatten sie mit Pfennigabsätzen versehen und statt des Büßerstricks nietenbesetzte Gürtel umgeschnallt. In durchbrochenen Leggings und schwarzledernen Miniskirts stöckelten sie über den Laufsteg, mit den schwesterlichen Hüften schwingend, mit den brüderlichen Hintern wackelnd, und was das allerschlimmste war: auch Schwester Innocentia war dabei, seine Schwester Innocentia! Sie hatte sich die Lippen rot geschminkt und den kleinen Schnurrbart entfernen lassen, sie blinzelte unter künstlichen Wimpern hervor ins Publikum, sie warf Kußhände und Kuchenstücke in die Menge, und der Papst schrie auf und wollte sich aus seinem Designersessel herauskämpfen, aber der hatte sich in ein Federbett verwandelt, ein Federbett, das seltsamerweise nach Marzipan und Bittermandeln duftete, und als der Papst es endlich, endlich geschafft hatte, sich zu befreien, da stand schon wieder der Teufel vor seinem Bett, hatte eine Fernbedienung in der Hand und sagte: »Ist nicht weiter schlimm, wenn Ihnen das nicht gefällt. Das Fernsehen bietet noch ganz andere Möglichkeiten.«

Der kleine Altar mit dem Madonnenporträt, das, wie ihm der Kurator der vatikanischen Museen glaubhaft versichert hatte, mit großer Wahrscheinlichkeit von Michelangelo persönlich stammte, war verschwunden. Die kostbare Bibelausgabe mit ihren handschriftlichen Randnotizen, die, da waren sich die Experten fast einig, die Handschrift des heiligen Ignatius von Loyola aufwiesen, lag nicht mehr da. Auf dem antiken Spitzentuch, dem Geschenk einer belgischen Pilgergruppe, stand jetzt etwas ganz anderes: ein Fernsehapparat. Und über dessen Bildschirm flimmerte ein Werbespot.

Eine Frau, deren Gesicht tiefste Konzentration auf eine schwierige Aufgabe ausdrückte, schob einen Einkaufswagen vor sich her. Die unendlich langen, vom Boden bis zur Decke mit Waschmittelpaketen der verschiedensten Hersteller gefüllten Regale, die links und rechts ihren Weg säumten, schienen sich bis in die Ewigkeit fortzusetzen. Die Frau griff hier nach einer Packung, nahm dort einen Weichspüler heraus und stellte die Produkte jedesmal wieder kopfschüttelnd und seufzend an ihren Platz zurück. Sie verglich Megaperls mit Superkonzentrat, wog Farbverstärker gegen Weichmacherwirkstoffe ab, prüfte, überlegte, zögerte. Ihre Haare zeigten schon die ersten grauen Strähnen und ihr Gesicht die ersten Falten, aber noch immer konnte sie sich nicht entscheiden. Immer kleiner wurde ihre Figur zwischen den immer länger werdenden Regalen, fast war sie schon in der Unschärfe verschwunden. Da kam eine Stimme aus dem Off, und, wahrlich, die Stimme sprach: »Für Ihre Wäsche ist Ihnen nur das Beste gut genug. Und wie steht es mit Ihrer Seele? Wenn Sie auch hier auf blütenweiße Sauberkeit Wert legen, dann sollten Sie mit uns reden. Eine katholische Kirche finden Sie auch ganz in Ihrer Nähe.«

»Na?« sagte der Teufel erwartungsvoll. »Da hat sich meine hauseigene Werbeagentur doch wirklich Mühe gegeben. Jaja, wer kann, der Cannes. Kleiner Branchenscherz. Ich verfüge natürlich auch über die besten Leute. Aus irgendeinem Grunde landen die Werber alle bei mir. Aber Sie sagen ja gar nichts, Herr Papst.«

Dem Papst hatte es die Sprache verschlagen. Auf seinem Bett sitzend, mitten zwischen Krümeln und kleinen Stückchen von kandierten Früchten, konnte er nur stöhnend den Kopf schütteln und abwehrende Bewegungen machen. Der Teufel schien ihn trotzdem zu verstehen.

»Sie sind von diesem Vorschlag noch nicht hundertprozentig überzeugt? Sie haben noch Zweifel? Überhaupt kein Problem. Meine Agentur legt größten Wert auf zufriedene Kunden. Deshalb haben wir auch von Anfang an mehrere Varianten ausgearbeitet.« Er drückte auf die Fernbedienung, und der nächste Werbespot lief an.

Zu einer Pop-Version von Händels *Halleluja* (interpretiert von der Kelly Family) fuhr ein Auto durch eine wunderschöne Landschaft. Am Steuer saß ein glücklicher Vater, neben ihm eine glückliche Mutter, und auf dem Rücksitz strahlten sich zwei noch viel glücklichere Kinder in geschwisterlicher Liebe an. Unter schattige Baumkronen führte sie ihr Weg, über malerische Brücken und romantische Waldwege, vorbei an majestätischen Gipfeln und wieder zurück ans tiefblaue Meer, und immer schien die Sonne, die Vögel zwitscherten, und die Kelly Family jubilierte. Und schließlich sagte der glückliche Vater zur glücklichen Mutter: »Ist es nicht herrlich, in Urlaub zu fahren?« Da hörte die Sonne auf zu scheinen, die Vögel zu zwitschern und die Kellys zu jubilieren, und ein Schriftzug sprang ins Bild, auf dem stand: »Diese Familie fährt gar nicht in den Urlaub. Sie fährt zur Hölle. Denn sie hat vor der Abreise das Wichtigste vergessen: Beten.«

»Na?« fragte der Teufel wieder. »In aller Bescheidenheit: Ist das nicht ein Hammer? Pre-Tests mit einem repräsentativen Panel von Familien haben ergeben, daß bereits nach einmaligem Ansehen dieses Spots die Betfrequenz signifikant ansteigt. Wenn wir dann mit einer zweiten Kampagne nachpowern, die den Leuten einhämmert, daß die Wirksamkeit von Gebeten sich bei der Benutzung von katholischen Kirchen verdoppelt ... Wollten Sie etwas sagen, Herr Papst?«

Der Papst wollte. Aber er brachte keinen Ton heraus. Es war, als ob ein dicker Klumpen von Schwester Innocentias Christpanettone in seinem Hals festsäße und ihn am Reden hinderte. Der Teufel nickte verständnisvoll.

»Ich sehe schon, auch damit haben wir Ihren Geschmack noch nicht hundertprozentig getroffen. Sie sind wirklich kein einfacher Kunde. Aber es geht ja auch um einen Account, den ich besonders gern vertreten möchte. Ganz, ganz besonders gerne. Ich mache Ihnen noch einen anderen Vorschlag.« Wieder betätigte er die Fernbedienung.

Zu moderner Musik (wenn ihm diese Dinge ein bißchen vertrauter gewesen wären, hätte der Papst hinter den Hip-Hop-Rhythmen vielleicht *Sympathy For The Devil* erkannt) unterhielten sich zwei männliche Teenager über die traurige Tatsache, daß sie wegen der Pickel in ihren Gesichtern bei den Mädchen einfach nicht landen konnten.

»Dabei wasche ich mein Gesicht doch jeden Tag mit Seife«, jammerte der eine.

»Und ich probiere eine Aknecrème nach der anderen aus«, klagte der andere, »und trotzdem ...« Kleine gemalte Pfeile und ein blubberndes Geräusch unterstrichen die Tatsache, daß gerade wieder ein neuer Eiterherd auf seiner Stirne erblüht war.

Ein dritter Teenager kam dazu, fröhlich, sympathisch und ganz offensichtlich von kosmetischen Problemen total unbelastet. »Ich bin meine Akne losgeworden«, sagte er strahlend, »und zwar ein für allemal.«

»Wie hast du denn das gemacht? Mit Seife?«

»Nein.«

»Mit Crème?«

»Nein.«

»Wie denn dann?«

»Ich habe den Tip ausprobiert, den mir mein Pfarrer gegeben hat: Weihwasser!« Die Arme um die Schultern seiner Freunde gelegt, führte er sie dem Licht und, wie man nach den jubelnden Akkorden auf dem Soundtrack annehmen durfte, der Erlösung entgegen.

»Na?« fragte der Teufel zum dritten Mal. »Ist das gut oder ist das gut? Und das tollste an dem Konzept: Das Vertriebsnetz für das Produkt existiert schon fix und fertig! Wir müssen nur diese unhygienischen offenen Becken durch Verkaufsautomaten ersetzen. Und eine neue Verpackung muß natürlich her. Irgend etwas, das Lebensfreude, Bibelfestigkeit und Hygiene zugleich ausstrahlt. Und dann bringen wir regelmäßig Spezialprodukte auf den Markt. Weihwasser ›Lourdes‹ zum Beispiel, mit dem Wirkungsfaktor Plus für hartnäckige Fälle. Haben Sie sich das Kreuz als Markenzeichen eigentlich schon eintragen lassen?«

»Nein«, schrie der Papst, der endlich seine Stimme wiedergefunden hatte. »Nein, nein und nochmals nein!«

»Eine schwere Unterlassungssünde, wenn ich mir den Ausdruck in Ihrer Gegenwart erlauben darf. Aber ich habe schon mal vorsorglich eine Liste der dringend zu schützenden Begriffe aufgestellt.« Wieder flatterte ein Computerausdruck durch den Raum.

»Nein! Ich will davon nichts hören! Kein Wort will ich mehr hören! Ich wache jetzt auf! Sie haben Ihre Wette verloren! Ein für allemal verloren!«

Vor dem Fenster erhellte ein Wetterleuchten die Nacht wie himmlisches Gelächter. Der Teufel zuckte zusammen. Plötzlich sah er überhaupt nicht mehr aus wie der diensteifrige Chef einer Werbeagentur. Hörner wuchsen aus seiner Stirne, Feuer schoß aus seinen Nüstern und ein borstiger Schwanz sprengte den Hosenboden seines Hugo-Boss-Anzugs. »Das Spiel ist noch nicht zu Ende!« hörte der Papst ihn von allen Seiten gleichzeitig kichern, und dann sah er gerade noch, wie die Fernbedienung auf ihn gerichtet wurde und schweflige Blitze aus ihr herausschossen, er fühlte, wie er von tausend Händen gepackt und in die Luft gewirbelt wurde, und dann schwebte er im Nichts, im schwarzen, höllischen, absoluten Nichts, und zwei Lichter rasten auf ihn zu wie ein doppelter Stern von Bethlehem, sie wurden größer und größer, und dann waren sie die Scheinwerfer des Ferraris, und der Teufel, in einer diskret grauen Chauffeursuniform, riß den Schlag vor ihm auf und fragte höflich: »Wollen Sie nicht einsteigen? Es tut mir wirklich leid, daß ich vorhin so ausgerastet bin.«

Diesmal fuhr der Teufel ganz langsam. Er respektierte Geschwindigkeitsbeschränkungen, hielt vor Stoppschildern an und bremste sogar einmal, als ein kleines Kind über die Straße rannte. Überhaupt machte er plötzlich einen sehr undämonischen, geradezu niedergeschlagenen Eindruck. Einmal, aber da war der Papst nicht ganz sicher, ob er es auch richtig gesehen hatte, wischte er sich sogar eine Träne aus dem Augenwinkel.

»Ich bringe Sie in den Vatikan zurück«, war das erste, was er nach langem Schweigen sagte. »Bis in Ihr Schlafzimmer, wenn Sie wollen. Obwohl mir das nicht leichtfällt. Die vielen Kreuze, die dort überall hängen, tun mir gar nicht gut in meinem geschwächten Zustand.«

»Soll das heißen: Sie geben auf?«

»Ja, ich gebe auf«, sagte der Teufel kleinlaut, und diesmal war es eindeutig eine Träne, die ihm über die Wange kullerte und dort zischend verdampfte. »Ich habe mal wieder den kürzeren gezogen. Wie immer. Das beste wird sein, ich ziehe mich in meine Unterwelt zurück und beschränke mich in Zukunft aufs Kohleschippen für die höllischen Feuer. Zu etwas anderem tauge ich ja doch nicht. Ich bin ein Versager, das sehe ich jetzt ein. Ein kompletter Versager.«

Der Papst hätte gerne etwas Tröstendes gesagt, aber er fand nicht die richtigen Worte. In all den vielen Büchern, die er in seinem Leben studiert hatte, war nie der Fall vorgekommen, daß ein Papst den Herrn der Unterwelt hatte trösten müssen.

Der Teufel schniefte. »Jedesmal geht mir das so. Jedesmal trickst er mich aus. Dabei war es diesmal ein so schöner Plan! Ausgerechnet am Weihnachtstag den Papst verführen – das hätte sogar den Seraphim mit ihrer ewigen Singerei und Lobhudelei die Stimme verschlagen. Aber nein, es durfte ja nicht sein. Mir gönnt keiner was. Keiner. Wenn ich nicht unsterblich wäre, würde ich mich am liebsten umbringen.«

»Nehmen Sie es sich nicht so zu Herzen«, sagte der Papst.

»Ich habe kein Herz. Nur einen Eisklumpen, den ich mit meinem heißesten Feuer nicht wegschmelzen kann. Und dabei möchte ich mich doch so gerne ...« Die Stimme des Teufels brach, und das letzte Wort flüsterte er nur noch. »Und dabei möchte ich mich doch so gerne bessern.«

Der Papst horchte auf. »Bessern?«

Der Teufel hob drei Finger zum Schwur. Einen Moment lang sah es so aus, als ob seine Hand überhaupt nur drei Finger hätte. »So wahr ich der Herr der Lüge bin!«

Was sollte der Papst tun? Einerseits war dem Teufel nicht zu trauen. Aber andererseits – durfte ausgerechnet er einen reuigen Sünder abweisen? Durfte er die Chance aufs Spiel setzen, Satan höchstpersönlich auf den steinigen Pfad der Tugend zu geleiten? Durfte er auf eine Bekehrung verzichten, die nicht nur den Lauf der Weltgeschichte verändern, sondern ihm selber einen Ehrenplatz im Heiligenkalender und vielleicht sogar einen eigenen Feiertag sichern würde?

»Mein Sohn ...« setzte der Papst an. Der Teufel räkelte sich unter dem freundschaftlichen Ton so wohlig wie ein Schoßhund, der hinter den Ohren gekrault wird. »Mein Sohn, wenn du wirklich den Weg der Besserung gehen willst ...«

»Ich will! Ich will!«

»... dann mußt du deine Absicht nicht mit Worten, sondern mit Taten beweisen.«

»Aber das versuche ich doch schon die ganze Zeit! Ich habe es bloß falsch angefangen. *Mea culpa, mea maxima culpa!* Aber meine Absicht ist rein.« Er bremste und ließ mit höflicher Geste einer schwarzen Katze, die von links den Weg kreuzte, den Vortritt. »Alles, was ich mir ausgedacht habe, sollte doch nur die Kirche in ihrem Kampf gegen das Böse unterstützen.«

»Mit moralisch verwerflichen Mitteln«, sagte der Papst streng.

Der Teufel zuckte die Schultern. »Meine alte, höllische Natur kommt mir halt immer mal wieder in die Quere. Aber ich hätte da noch einen letzten Vorschlag zu machen, der ohne die geringste Veränderung Ihrer Prinzipien neues Geld in die Kirchenkassen bringen könnte.«

»Geld ist nicht alles.«

»Natürlich nicht. Selbstverständlich nicht. Aber es hilft. Vor allem, wenn man bedenkt, daß der Peterspfennig jedes Jahr weniger Erträge einbringt. Ich habe da einen Computerausdruck ...«

»Nicht nötig«, sagte der Papst schnell. »Ich glaube Ihnen.«

»Sie glauben mir? Oh, welch unverdientes Glück! Welche wahrhaft christliche Güte!«

»Schon gut.« Der Papst war über so viel Dankbarkeit richtig verlegen.

»Dann erlauben Sie mir also auch, daß ich Ihnen meinen bescheidenen Vorschlag unterbreite?«

»Na schön«, sagte der Papst, und schon befanden sie sich nicht mehr im Auto, sondern in einem Sitzungsraum, wo der Teufel gerade eine erste Folie in den Overhead-Projektor schob.

»Wenn wir uns die Statistiken über die vatikanische Finanzstruktur näher betrachten« – er markierte eine Zahl mit Leuchtstift –, »dann fällt sofort auf, daß das Spendenaufkommen in den letzten Jahren markant gesunken ist. Bedrohlich gesunken, würde ich sogar sagen. Wie soll die Kirche aber alle ihre so notwendigen und segensreichen Aufgaben erfüllen, wenn ihr ihre Gläubigen nicht die Mittel dazu geben?«

Der Teufel hatte – und der Papst staunte, daß er nicht darüber staunte – wortwörtlich dasselbe gesagt wie Kardinal Marcincus bei der letzten Budgetbesprechung. Aber im Gegensatz zum Kardinal hatte er eine Lösung anzubieten.

»Mit Einzelspenden kommen wir nicht weiter. Der Klingelbeutel ist nur schon rein technisch gesehen passé. Und es ist einer so erhabenen Institution wie der Kirche einfach nicht würdig, Einzahlungsschein für Einzahlungsschein gegen Greenpeace oder Amnesty International anzutreten.«

»Aber wie sollen wir dann …?«

»Sponsoring«, sagte der Teufel und legte eine neue Folie ein, auf der die Kurve der Einnahmen steil nach oben zeigte. »Früher haben Kaiser und Könige der Kirche ihre Güter vermacht und sind dafür in den Himmel gekommen. Warum machen das heute nicht Procter & Gamble oder die Volkswagenwerke?«

»Und was wollen die dafür haben?«

»Nichts. Überhaupt nichts. Nur erwähnt wollen sie sein. Klein und bescheiden, so wie in alten Zeiten der Stifter eines Altarbildes unter den anbetenden Hirten seine Gesichtszüge verewigen ließ. Ich habe hier einen Vertrag vorbereitet, in dem das alles im Kleingedruckten festgehalten ist.«

Der Papst dachte nach, und je länger er nachdachte, desto weniger konnte er am Vorschlag des Teufels etwas Böses finden. Wenn große Firmen etwas für ihr korporatives Seelenheil tun wollten, was war dagegen einzuwenden? Und wenn sie, diskret und im Hintergrund, ihren Namen im Zusammenhang mit ihren guten Werken genannt haben wollten, wer konnte etwas dagegen haben?

Und so ergriff er schließlich die Feder, die ihm der Teufel reichte – sie war hinterrücks aus einem Engelsflügel gerupft, aber das sah man ihr nicht an –, schob das Pergament zurecht, das ihm der Teufel hingelegt hatte – ohne zu bemerken, daß es gar kein Pergament war, sondern die Haut des Esels, auf dem der Herr damals nach Jerusalem geritten war –, und setzte seinen Namen unter den Vertrag.

Die Hölle brach los.

Hunderttausend kichernde Teufelchen verdunkelten mit ihren Fledermausflügeln den Himmel, hunderttausend sabbernde Dämonen fraßen schmatzend die Sterne vom Firmament, und der Satan höchstpersönlich lachte und lachte und lachte.

Und, siehe, in den Kirchen der Welt verkündeten die Pfarrer hinfort von den Kanzeln: »Die zehn Gebote wurden Ihnen präsentiert durch Krombacher Pils.« In den Kapellen hingen große Schilder über den Altären, auf denen stand: »Viel Erbauung wünscht Ihnen Beate

Uhse.« In den Kathedralen sangen die Chorknaben ihre Motetten zur Melodie von »Haribo macht Kinder froh«, und in den Basiliken duftete der Weihrauch nach den Fischstäbchen von Käpt'n Iglu. Jeder Kreuzweg warb für Wanderschuhe, jedes Christophorus-Bild für den Automobil-Club.

Und was noch viel schlimmer war: Im Kleingedruckten, in jenen Details, in denen bekanntlich der Teufel steckt, hatte der Heilige Vater noch ganz anderen Dingen zugestimmt. Aus »Amen« wurde »Ariel«, der Fiat in *Fiat voluntas tua* wurde durch einen Opel ersetzt, und statt »Halleluja« rief die Christenheit in Zukunft »Coca-Cola«.

Der Satan lachte, die Dämonen grinsten, und die kleinen Teufelchen konnten sich gar nicht mehr einkriegen. Die himmlischen Heerscharen aber verhüllten ihr Haupt und weinten gar bitterlich.

Und der Papst? Er hörte eine dumpfe Glocke erklingen, zweifellos jene Glocke, die ihn, gesponsert vom Verband der Raiffeisenbanken, zum jüngsten Gericht rief, jene Glocke, die ihn, mit freundlicher Unterstützung der Arbeitsgemeinschaft deutscher Spielbanken, zur Rechenschaft befahl, jene Glocke, die ihm – »Für das Beste im Mann!« – die ewige Verdammnis ankündigte. Aber als er näher hinhörte, da war es gar keine Glocke mehr, sondern eine Klingel, sein Wecker schrillte und schrillte, und als er die Augen aufschlug, sah er zuerst einen leergegessenen Teller voller Kuchenkrümel, sah dann den Hausaltar mit der fast echten Michelangelo-Madonna, sah die aufgeschlagene alte Bibel auf dem Brüsseler Spitzentuch, sah das Kruzifix und den heiligen Antonius, und dann schlug jemand die schweren Samtvorhänge zurück, und das Sonnenlicht flutete ins Zimmer, und da stand auch

Schwester Innocentia, die liebe, gute Schwester Innocentia mit ihrem gütigen Lächeln und ihrem kleinen Schnurrbart, und wie jeden Morgen hielt sie eine duftende Tasse Kaffee bereit, neben der zur Feier des Weihnachtstages ein großes Stück von ihrem unwiderstehlichen Dresdener Christpanettone lag.

Da atmete der Papst tief auf, und mit einem geradezu überirdischen Lächeln sagte er: »Es war alles nur ein Traum! Der Herr sei gesegnet! Halleluja!«

Und Schwester Innocentia lächelte zurück, bekreuzigte sich und antwortete: »Coca-Cola!«

ROBERT GERNHARDT
Es ist ein Maus entsprungen

BERND EILERT

Kurt oder Das Fest der Liebe

»All dies hat sich vor einer Reihe von Jahren zugetragen.«

W. SOMERSET MAUGHAM

1.

Einen fremden Menschen kurzerhand Kurt zu rufen, bloß weil er zufällig kurdischer Herkunft ist, zeugt weder von Phantasie noch von Taktgefühl, aber Phantasie und Taktgefühl sind von den Einheimischen in Krahl auch ebensowenig zu erwarten wie etwa Originalität oder Weltoffenheit.

Albert lebte jetzt lang genug in Krahl, um sich dieser Mängel stets bewußt zu sein.

Krahl war nicht allein in dieser Beziehung eine recht durchschnittliche deutsche Kleinstadt – das einzige, was herausragend an ihr war, fiel eben in Alberts Ressort: eine erstaunlich rege Bautätigkeit, die in Krahl seit ein paar Jahren buchstäblich an jeder Ecke eine Stelle hervorgebracht hatte, an der Altes renoviert und saniert oder Neues konstruiert und vollendet wurde. Albert Geibel war Architekt.

Daß er mit seiner Familie vor gut einem Jahr aus der Großstadt nach Krahl gezogen war, hatte noch weitere Gründe: Seine Frau Elisabeth liebte die Natur und wollte und sollte hier endlich ihren eigenen großen

Garten bekommen. Die beiden Kinder, Jennifer und Claus, kamen eben ins schulpflichtige Alter, und die rauheren Umgangsformen an Lehranstalten mit höherem Ausländeranteil waren ihnen durch diese Übersiedlung erspart geblieben.

Daneben spielten bei Albert auch uneingestandene Ängste eine gewisse Rolle, denn von harter Konkurrenz war hier draußen natürlich viel weniger zu spüren, und er war eben an den wunden Punkt seiner Karriere gelangt, da man für Druck empfindlicher zu werden beginnt, speziell wenn er von unten kommt, von nachdrängenden Jüngeren, deren unverschämte Unverbrauchtheit einem schmerzlich bewußt macht, daß man nicht mehr einer der Ihren sein kann und schon lächerlich wirkt, wenn man versucht, mit der Avantgarde Schritt zu halten, oder sie gar, und sei's nur verbal, zu überholen trachtet. Und da Albert von den formalen Wagnissen konsequenter Moderne und streng kanonisierten ästhetischen Programmen in der Architektur ohnehin nie besonders viel gehalten hatte, war es ihm nicht sonderlich schwergefallen, mit der neuen Beliebigkeit seinen Frieden zu machen und die Ideale seiner Studienzeit, die alle aus den späten 60er Jahren stammten, dort zurückzulassen, wo sie herkamen: im Dickicht der Städte, wo sie seiner Meinung nach auch hingehörten.

»Damals haben wir doch Kargheit mit Echtheit verwechselt, Nacktheit mit Wahrheit und, was das schlimmste war, Häßlichkeit mit Ehrlichkeit«, sagte Albert eben zu seiner Frau. »Als ob das alles etwas miteinander zu tun hätte!«

»Hat es das nicht?« fragte Elisabeth leicht befremdet, denn sie war Schwedin von Geburt und Protestantin aus Tradition.

»Nein«, beteuerte Albert, den zwei doppelte Campari im nüchternen Magen mit Selbstsicherheit erfüllten, »hat es nicht.«

Da er aber sah, daß es der bloßen Wiederholung an Überzeugungskraft gebrach, paraphrasierte er sein Argument: »Warum soll das Gefällige immer gleich das Verlogene sein? Und das Schöne stets das Falsche? Was ist an nacktem Waschbeton moralisch? Kannst du mir das bitte sagen, Elisabeth?!«

Elisabeth konnte oder wollte das offenbar nicht.

Sie wollte endlich ihr Abendessen haben und damit nebenbei auch verhindern, daß Albert, der indes kräftig dem Rotwein zusprach, bereits vor dem ersten Gang die erwartbaren Folgeerscheinungen zeigte.

»Daß das hier immer so lange dauert in der Vorweihnachtszeit!« beschwerte sie sich, obwohl strenggenommen zu Unrecht, da sie diese Phase hier zum ersten Mal erlebten und das Lokal vor Jahresfrist noch gar nicht existiert hatte.

Trotzdem gab ihr Albert vollkommen recht. »Ich versteh das auch nicht: Ist der Laden leer, sind sie sauer und machen mir noch ein schlechtes Gewissen, weil wir so selten herkommen – aber wenn er mal voll ist, sind sie gleich überfordert, und ich werde sauer, weil ich überhaupt hingegangen bin.«

Albert und Elisabeth gingen einmal im Monat essen, möglichst regelmäßig, um nicht ganz zu verkümmern, wie sie es bei anderen Elternpaaren voll Mißbilligung beobachtet zu haben glaubten, die ausschließlich für ihre Kinder dasein mochten und jedes nennenswerte Eigenleben dafür scheinbar klaglos aufgegeben hatten.

In Krahl gingen sie stets ins *Le Journal,* ein Hotel-Bistrorant in Bahnhofsnähe und das einzige Lokal, in dem man in Krahl etwas zu essen bekam, was unter geschmacklichen wie gesundheitlichen Rücksichten für genießbar gelten konnte – wenn man etwas zu essen bekam, wie gesagt.

Heute abend sah es schlecht aus damit, denn am Abend vor Weihnachten hatten sich schließlich auch die letzten Chefs zu der Einsicht durchgerungen, daß es dem Betriebsklima langfristig nur zuträglich sein konnte, wenn man die Belegschaft zu einem Festessen einlud, das dem feierlichen Anlaß entsprechend natürlich im ersten Haus am Platze stattzufinden hatte, auch wenn kaum einer der Geladenen dieses bei anderer Gelegenheit freiwillig betreten hätte, weswegen es bei den Gesprächen an den Firmentischen vornehmlich um Preis- oder Leistungsvergleiche ging, wobei die zuerst Erschienenen bereits bei anspruchsvolleren Preis-Leistungs-Vergleichen angekommen waren. »Ein Salat mit Pilzen für vierzehnfünfundneunzig – tut mir leid, aber das schmeck ich da nicht raus.«

Als Albert dies zu Ohren gekommen war, hatte er als Vorspeise vernehmlich eben jenen Pilzsalat bestellt, der jetzt auch endlich vom Patron persönlich serviert wurde, begleitet von vielen Entschuldigungen der eigenen Säumigkeit und Elisabeths Kürbissüppchen für DM 8,–.

Von den ersten Bissen bereits versöhnlicher gestimmt, kam Albert noch einmal auf sein Thema zurück, diesmal am konkreten Objekt. »Man sitzt doch wirklich gut hier … vielleicht nicht ganz so urdeutsch gemütlich, wie man es in Krahl gewohnt ist, aber …« Albert sah sich beinah hausherrlich um. »Schöner Raum, doch, doch, irgendwie luftig …« Er legte genüßlich den Kopf in den Nacken und schaute empor zu den Galerien, von denen aus die Hotelzimmer zugänglich waren und denen man bewußt einen maritimen

Charakter verliehen hatte, durch helle Dielen, relingartige Geländer und schiffstauähnliche Zierleisten, um so der äußeren Anlage des Gesamtkomplexes, den er einem Schiffsbug nachempfunden hatte, auch im Inneren seine Entsprechung zu geben.

Das Hotel war der erste Auftrag gewesen, der Albert nach Krahl geführt hatte – und wenn der Laden jetzt nicht besonders gut lief, lag das gewiß nicht an seinem Entwurf, sondern an der erwiesenen Reizlosigkeit des Ortes, dessen ursprünglich recht idyllischer Kern von neuen Einkaufszentren und ihren Leuchtreklamen entstellt wurde, nachdem er schon früher von kastenhaften Plattenbauten bedrohlich umzingelt worden war.

Trotzdem wartete Albert seitdem auf einen Nachfolgeauftrag dieser Größenordnung – das heißt, er hatte kürzlich beschlossen, diese passive Haltung aufzugeben und in dieser Richtung etwas zu unternehmen: Es ging immerhin um die Sanierung der pseudogotischen Hauptkirche St. Lamberti sowie ein komplett neues evangelisches Gemeindezentrum in unmittelbarer Nähe. Architektonisch übrigens nicht uninteressant, vorausgesetzt, die Zuständigen konnten sich dazu bereit finden, dem ursprünglich klassizistischen Innenraum wieder eine passende Fassade zu verschaffen, welcher der Neubau dann stilistisch angeglichen werden sollte. Albert hatte längst genaue Pläne dafür im Kopf, ebenso wie zur Beschaffung dieses Auftrags.

»Aber Heiligabend möchte ich davon kein Wort hören!« Albert wiederholte damit, was er bereits drei Mal ausgesprochen hatte, seit er Propst Krueger samt Gattin für den 24. zu einer privaten Weihnachtsfeier eingeladen hatte.

Elisabeth reagierte entsprechend gereizt. »*Ich* werde ihn bestimmt nicht darauf ansprechen. *Ich* möchte nämlich nichts anderes als Weihnachten feiern, ein ganz normales Weihnachten, ohne deine Geschäfte und Hinterngedanken.«

»Erstens heißt es *Hintergedanken*«, korrigierte Albert ihren schwedisch gefärbten Sprachfehler ungewohnt streng – und zweitens fiel ihm im Moment nichts Zurückschlagendes mehr ein.

Da er sich durchschaut wußte, machte er ein verschlossenes, finsteres Gesicht. Normalerweise verstand er es fast immer, die Realität seinen eigenen Bedürfnissen und Vorstellungen so anzupassen, daß die Verantwortung für seine kleinen Manipulationen letztlich von anderen übernommen wurde, die er wortgewandt zu der Einsicht bekehrte, wie sein jeweiliges Arrangement ihren Interessen entgegenkam, bis sich am Ende beide genau zu decken schienen. Als Architekt hatte er ausreichend Erfahrung in der Kunst, das, was er eigentlich für sich schuf, als wie geschaffen für andere erscheinen zu lassen.

Da jetzt überraschend flott das Hauptgericht aufgetragen wurde, ein *Lammrücken in der Kräuterkruste,* gewann Albert zusätzliche Bedenkzeit, die er nutzte, um eine weitere Flasche Barolo zu ordern und sich eine Strategie zurechtzulegen, zu deren Umsetzung ihm der Zufall auch noch die notwendige Geheimwaffe an die Hand gab, und zwar in Gestalt des Kurden Kurt, der eben hinter Elisabeths Rücken das vollbesetzte Lokal betreten hatte.

Alberts erste Frage war keine ernsthafte Attacke. »Du glaubst also, ich wäre berechnend genug, um ausgerechnet Weihnachten für meine beruflichen Zwecke ausnutzen zu wollen, wie?«

Elisabeth ließ den vollen Mund zu und die Frage offen.

»Mal abgesehen davon«, Albert ging zum Flankenangriff über, »daß du, soweit ich mich erinnern kann, noch nie etwas dabei gefunden hast, an dem zu partizipieren, was du nun plötzlich meinen Eigennutz zu nennen beliebst, befindest du dich doch sehr im Irrtum, wenn du mir unterstellst, ich lüde Leute nur ein, um später von diesen privaten Kontakten geschäftlich zu profitieren.«

Albert machte eine Pause, so als müsse er sich von dieser Ungerechtigkeit erst einmal erholen, dann verschoß er die Munition, die er eigentlich kaum mehr brauchte. »Ich hatte übrigens den Eindruck, Kruegers wären heilfroh gewesen über diese Einladung, denn in dieser Gemeinde finden sich allerdings nicht viele Mitglieder, die ihren Ansprüchen genügen – ich meine den intellektuellen, nicht den materiellen. Außerdem schien speziell *sie* sehr dankbar für die Entlastung: Die Vorweihnachtszeit ist bekanntlich die schwierigste für Pastorenehepaare und Heiligabend bestimmt Großkampftag, bis hin zur Mitternachtsmesse ...«

»Was redest du da eigentlich?« fragte Elisabeth schroff. »Woher willst du das wissen? Und was willst du eigentlich beweisen? Daß du ein guter Mensch bist?«

Elisabeth hatte Alberts Absicht genau erkannt – sie ahnte allerdings nicht, wie er diesen Beweis antreten wollte, denn bisher hatte er eigentlich nur so viel geredet, weil Kurt heute erstaunlich lang brauchte, um mit seinen Rosen bis zu ihrem Tisch vorzudringen. Ausnahmsweise hatte er sogar Abnehmer an anderen Tischen gefunden, was in Krahl einen wirklichen Ausnahmezustand andeutete.

Um sein Pulver nicht zu früh verschießen zu müssen, behauptete Albert nun, er halte allerdings nichts von Menschen, die ihre Großherzigkeit immer nur zu Weihnachten entdeckten und per vorgedruckter Spendenüberweisung schon genügen zu können glaubten.

»Steuerabzugsfähig, versteht sich!«

»Besser als gar nichts«, sagte Elisabeth. »Ich finde …«

Albert mußte sie unterbrechen, da Kurt jetzt, strategisch perfekt, genau hinter ihrem Platz stand, und er tat das, indem er die wohlüberlegten Worte aussprach: »Aber nicht so gut, wie einem Menschen zu helfen, von dem man weiß, daß er unserer Zuwendung bedarf, und das nicht bloß in finanzieller Hinsicht, sondern, ich möchte sagen, in einem eher spirituellen Sinne, also mehr von Herzen …«

»Von wem redest du?« fragte Elisabeth prompt.

Und Kurt meldete sich wie aufs Stichwort, auch wenn er das, seiner sehr geringen Deutschkenntnisse wegen, kaum verstanden haben konnte.

»Wolle Rose?« Er legte eine vor Elisabeth, die er immer schon besonders zu verehren schien, auf den Tisch. »Nix Geld – ise Weihnachte.«

Albert nickte, als ob es genau das gewesen sei, was er gemeint habe.

»Danke schön, Kurt«, sagte er und mußte sich dieses von ihm nicht gebilligten Künstlernamens bedienen, da Kurt auf keinen anderen hören wollte und Versuche, ihm seinen wirklichen Namen zu entlocken, bisher nie erfolgreich gewesen waren.

»Kurt sagen: bitte!« Er sprach sogar von sich selbst als *Kurt.*

»Also, Kurt«, sagte Albert, was seiner schweren Zunge entgegenkam, betont langsam, »es ist Weihnachten, wie du so richtig gesagt hast, und wir möchten dir auch etwas schenken …«

Albert wartete, bis Kurt den Sinn dieser Einleitung verdaut hatte.

»... hast du nicht Lust, Kurt, Weihnachten mit uns zu verbringen?«

»Bitte?« fragten Elisabeth und Kurt fast unisono.

»Heiligabend«, erklärte Albert. »Du, Kurt, bei mir, Albert und Elisabeth!« Er zeigte auf jeden Angesprochenen.

»Sag mal, Albert ...« Elisabeth wollte natürlich fragen, ob er es gar nicht mehr für nötig halte, sie vor solchen Einladungen zu informieren, doch Albert ließ sie nicht zu Wort kommen. »Elisabeth freut sich«, behauptete er dreist. »Und ich, Albert, freut sich auch, Kurt.«

»Bitte?« fragte Kurt wiederum.

»Wenn du, Kurt, zu uns kommst ... Morgen ... Weihnachten ... Heiligabend ...«

»Kurt ... kommen ... Weihnachten ...«

Ob das nur hilfloser Ausdruck unverminderter Verständnislosigkeit war, wurde nicht ganz klar – Albert nahm es einfach als Bestätigung und zückte eine seiner Visitenkarten. »Albert Geibel, Parkallee 12 A«, las er vor und setzte handschriftlich hinzu: »24. 12. 20 Uhr.« Albert stand, obschon es ihm nicht ganz leichtfiel, da der genossene Alkohol in seinen Kniekehlen zu schwappen schien, eigens auf, um Kurt die Karte zu überreichen, die sich dieser ebenso zeremoniell beidhändig vor Augen führte.

Längere Zeit betrachtete Kurt das Papierrechteckchen stumm, dann nickte er so vielsagend, daß man nichts verstand, und steckte schließlich die Karte in die innere Brusttasche seines Anoraks direkt über seinem Herzen, dorthin, wo sonst nur das Geld verstaut war, das wenige, das Kurt für seine roten Rosen erlösen konnte.

2.

Rosen zu verkaufen in Krahl ist zu den abenteuerlichen Unternehmungen zu zählen, neben denen der Vertrieb von Briefmarken unter illiteraten Kannibalen auf Neuguinea als vergleichsweise profitables und populäres Gewerbe abschneiden dürfte, was sich unter anderem daraus erklären läßt, daß ein Bedürfnis nach Kommunikation, welches in Postwertzeichen seinen durchaus zackigen Ausdruck finden kann, unter Menschenfressern vermutlich häufiger anzutreffen ist als jenes Gefühl, das rote Rosen in unserem Kulturkreis bereits seit längerer Zeit versinnbildlichen, unter den Einheimischen Krahls: Liebe zu, Verehrung von und Hingabe an Personen bevorzugt weiblichen Geschlechts – kurz: Romantik. Eine derartige Gestimmtheit liegt den Männern von Krahl vermutlich weit ferner als den nur zu Vergleichszwecken beschworenen Menschenfressern der Geschmack an Gemüsen und Salaten. Selbst bei Hausbesuchen erhält man in Krahl meist eine Flasche alkoholischen Inhalts, halbtrockenen Frankenwein etwa, mit der ausdrücklichen Bestimmung überreicht: »Statt Blumen.«

Albert, dessen eigene Geschäfte ja auch nicht zum besten standen, zumindest was deren langfristige Absicherung betraf, hatte sich schon häufiger Gedanken darüber gemacht, wie Kurt auf seine Kosten kommen konnte, wenn er ihn üblicherweise erfolglos seine Blumen durch das *Journal* tragen sah, vor allem, da sich Kurts Verkaufsanstrengungen stets in den engen Grenzen einer unauffälligen Geste des Vorweisens hielten, die beinah bruchlos ins rasche Wiederwegziehen des Gebindes überging.

Hatte Albert zunächst vermutet, Kurt sei entweder

zu schüchtern oder scheu, um durch gezielte Verheißungen oder stereotype Werbesprüche auf sein florales Angebot aufmerksam zu machen, oder handle einfach hochmütig nach dem Motto: Gutes verkauft sich schon von selbst, wurde ihm beim ersten Versuch, sich Gewißheit zu verschaffen, sehr klar, worin diese Zurückhaltung begründet lag: Kurt verstand nämlich Alberts diesbezügliche Frage zunächst gar nicht und dann offenbar ganz falsch, indem er mit der Gegenfrage »Wie viele« anfing, Rosen vor Elisabeth auf den Tisch zu legen, eine nach der anderen wie ein Schuljunge mitzählend: »Ein … twei … trei …«

Albert blieb, wenn er die Zuversicht, die sich bereits bei der ersten Ansprache in Kurts Gesicht breitgemacht hatte, nicht empfindlich schmälern wollte, gar nichts anderes übrig, als ihm vier Rosen für insgesamt DM 10,– abzukaufen.

Nachdem dieser Handel, dem offenbar Kurts gesammelte Konzentration gegolten hatte, abgeschlossen war, fiel es bedeutend leichter, ihn in ein Gespräch zu verwickeln, das, wäre es nach Kurt gegangen, durchaus abendfüllend hätte werden können. Denn statt einem weiteren Abschluß geschäftig zuzustreben, schien der Verkäufer es sehr zu genießen, dem Käufer ausführlich Auskunft über seine Profession und Person geben zu dürfen, und Albert, der sich vom Vergnügen anderer gern anstecken ließ, erfuhr schon im Verlauf dieses ersten Verhörs einiges über die Sorgen und Nöte eines in Deutschland Exil suchenden Kurden, den ein kurzsichtiges Schicksal ausgerechnet nach Krahl verschlagen hatte, sozusagen ins Herz einer Finsternis, die sich aus allen den Deutschen nachgesagten Sekundärtugenden hier zusammenballte: Sparsamkeit bis zum Geiz, Nüchternheit bis zur Gefühllosigkeit, Bodenständigkeit bis zum blanken Fremdenhaß – nein, letzteres konnte selbst Albert, dessen anfängliche Begeisterung für diese Art der Provinzialität sich längst gelegt hatte, den Krahlern schlecht nachsagen: Sie machten weder Mördergruben aus ihren Herzen noch Herzen aus ihren Mördergruben – sie hatten einfach kein Herz.

Daß Kurt sich unter diesen Rohlingen, deren gönnerhafte Grüße und hochmütige Halbscherze er mit barer Freundlichkeit zu verwechseln schien, relativ wohl fühlen zu können behauptete, gehörte zu den Rätseln, die Kurts Charakter Albert aufgab. Selbst nach drei, vier weiteren Befragungen an gleicher Stätte war es Albert nicht möglich, Kurts Antworten zu einem Gesamtbild zusammenzusetzen, das von Unschärfen einigermaßen frei war. Dunkel blieb unter anderem, wieso Kurt seine Heimat vor Jahresfrist eigentlich verlassen hatte: von Angst war die Rede, von *immer Krieg* und *nix arbeiten* ebenso, daraus allerdings konkrete Verfolgungen herzuleiten wäre reine Spekulation geblieben, da Kurts Wortschatz oder Vertrauen nicht ausreichte, die eigene politische Haltung zu definieren, allein eine gewisse Türkenfeindlichkeit wurde als Konstante erkennbar.

In Deutschland lebte Kurt nun von ihm zustehenden sozialen Hilfen, die aber nicht eben üppig ausfallen mochten, da er sich gezwungen sah, sie durch den Handel mit Rosen aufzubessern. Kurts Tagesablauf war davon geprägt und Kurt selbst zu erheblicher Mobilität verpflichtet, die ihm ein Motorroller Marke *Vespa,* von dem auch nicht ganz klar wurde, ob er sein eigen oder nur geliehen war, erleichterte: Damit fuhr er jeden Morgen in die nächste Großstadt, um dort das Kontingent Rosen in Empfang zu nehmen, um dessen Weiterverkauf er sich am selben Abend in Krahl und weiteren umliegenden Orten zu bemühen hatte – ob und in welchem Maße ihm das jeweils gelang, verriet Kurt nicht. Es schien ihm sogar unangenehm zu sein, darüber befragt zu werden, als ob es ein Versagen seinerseits bedeutet hätte, unter den bereits beschriebenen schwierigen Umständen wenig erfolgreich zu sein.

Auch die Verhältnisse, unter denen er angesichts seiner kargen Verdienstmöglichkeiten zu leben gezwungen war, ließ Kurt ziemlich offen: Er wohne *draußen,* im *Dorf,* bei *Leuten.*

Scharf umrissen zeichnete sich allein das ab, was man Kurts Dilemma nennen mußte und das sich Albert nach Kurts erstaunlich präzisen Andeutungen von einer befreundeten Anwältin genauer hatte erklären lassen: Kurt kam demnach zwar in den Genuß eines bis zur endgültigen Entscheidung über seinen Fall befristeten *Bleiberechts* mit Anspruch auf eine am Existenzminimum sich orientierende staatliche Zuwendung, verfügte aber andererseits über keinerlei irgendwie geartete *Arbeitserlaubnis,* was ihn eben bis auf weiteres in die Grauzone des Handels mit bunten Blüten verbannte.

Die Erinnerung an das Monologisieren des *Hauptmann von Köpenick,* darin gipfelnd, daß der Mensch ohne Paß und Stempel überhaupt kein Mensch sei, trieb Albert, der ohnehin recht leicht gerührt werden konnte, die Tränen in die Augen, als Kurt ihm einmal seine einzige Hoffnung vorstellte: Eine *deutsche Frau* war alles, was Kurt wollte, und zwar *nicht für Liebe,* sondern *nur für Heiraten, nix Sex!* Das war alles, was Kurt sich erträumte: *Nix Sex, nur heiraten!* wiederholte er mehrmals und sprach dann das längste deutsche Wort, das Albert je von ihm hören sollte: *Staatsbirgerschaft.*

Natürlich war die deutsche gemeint, erworben durch Heirat einer großherzigen deutschen Frau – das also war es, was Kurt umtrieb und ihn bisweilen gar eine seiner Rosen verschenken ließ –, das heißt: Kurt kam auch hierbei nie über den Versuch hinaus, und Albert mußte miterleben, wie die angebeteten deutschen Frauen, die sich Kurt im *Journal* für seine Annäherungsversuche aussuchte, eine Rose von ihm nicht einmal geschenkt haben mochten, da sie hinter seinen Angebinden wohl doch eher das Bedürfnis nach Liebe, ja Sex, keinesfalls aber das nach Staatsbürgerschaft vermuteten.

Dabei konnte sich Kurt rein äußerlich durchaus sehen lassen, neben dem in Krahl verbreitetsten Männertypus machte er sogar eine ausgesprochen gute Figur: Wesentlich schlanker als die meisten hier, zwar klein, aber wohlproportioniert, wirkte er geradezu grazil oder, weniger anspruchsvoll ausgedrückt, drahtig, welcher Ein- und Ausdruck von seinem kurzgehaltenen dunklen Haar noch gestützt wurde. Braun waren auch seine Augen, die verschattet unter dichten Brauen lagen, die über der Wurzel seiner knochigen Nase fast zusammentrafen, wenn Kurt sich wieder einmal vor eine besonders schwierige Frage gestellt sah und aufs angestrengteste nach einer erschöpfenden Antwort zu suchen schien, ohne sie je finden zu können – so geschehen auch im Falle jener Weihnachtseinladung, die Albert zur Überraschung aller ausgesprochen hatte.

Hatte Kurt sie überhaupt verstanden? Wollte er sie eigentlich annehmen? War eine solche Verständigung und Zusammenführung verschiedener Welten wirklich denkbar und wünschenswert?

Auf diese Fragen und Aussichten war Elisabeth noch auf dem Heimweg vom *Journal* durch die schwach beleuchteten besseren Wohnviertel Krahls wieder zu sprechen gekommen.

»Mir kann es ja egal sein« – diese Eröffnung läßt stets auf Warnungen oder Vorwarnungen schließen und zieht das nächste Wort zwingend nach sich –, »*aber* – nur für den Fall, daß du vorhaben solltest, noch weitere Waisen aus dem Morgenland einzuladen – bist du dir eigentlich so sicher, daß Kruegers davon begeistert sein werden, am Heiligabend Kurdenfragen zu diskutieren?«

Das saß: Albert war tatsächlich schockiert und sprachlos – allerdings nur für den ersten Moment. Schon während er antwortete, wuchs seine Zuversicht dahingehend, daß er nicht nur keine Unschicklichkeit begangen, sondern mit der Einladung Kurts im Gegenteil äußerst geschickte Vorsorge getroffen hatte, zur Gewißheit. »Ich bin mir vollkommen sicher, richtig gehandelt zu haben, denn glaubst du nicht auch, Schatz, daß gerade Kruegers in der Anwesenheit Kurts das höchste christliche Gebot verwirklicht sehen werden: das der tätigen Nächstenliebe?«

»Sind Kurden überhaupt Christen?«

Irgendwie war Albert immer davon ausgegangen, allein schon durch den Umkehrschluß, daß Türken zweifelsfrei Muselmanen waren und ihre hartnäckige Verfolgung des kurdischen Volkes von dessen anderer Glaubensrichtung zumindest mitbestimmt werde – aber ganz sicher war er sich dieser Sache nicht.

»Was spielt das im übrigen für eine Rolle?« fragte er deshalb zurück. »Nächstenliebe im christlichen Sinne meint gewiß nicht, nur Mitchristen mit einzubeziehen, sondern jeden, der unserer Hilfe bedürftig scheint, gerade auch den Andersgläubigen oder -stämmigen oder -sprachigen oder ...«

»Jetzt redest du schon wie Krueger persönlich«, befand Elisabeth schroff und abschließend. »Spar dir das doch bitte für den 24. auf.«

Ob Elisabeths Vergleich mit pastoralen Ausdrucksweisen zutreffend war, ließ sich an diesem Abend nicht mehr überprüfen, denn bei Kruegers wurde kein Wort mehr gesprochen.

Das Pastorat lag in nächtlicher Ruhe – nur im Arbeitszimmer des geistlichen Herren brannte noch die Schreibtischlampe, doch der holzgetäfelte Raum war menschenleer. Das Licht fiel auf die Weihnachtsdoppelseite des ›Krahler Anzeigers‹, die offensichtlich das Interesse des Propstes erregt hatte – zumindest war einer der Artikel durch Unterstreichungen und Randbemerkungen von ihm hervorgehoben worden –, sowie auf das recht zerlesene Exemplar eines Büchleins, das aufgeschlagen umgedreht worden war, ganz so, als wolle sein Benutzer dessen Lektüre bei nächster Gelegenheit je nach Notwendigkeit an dieser Stelle wiederaufnehmen und fortsetzen.

Die Fotografie auf dem Schutzumschlag zeigte eine brünette Junge Frau und einen blonden jungen Mann, die sich auf recht altfränkische Art begattet haben würden, wenn die fleischfarbenen Trikots, die beide gleichermaßen trugen, dem Vollzuge nicht im Wege gewesen wären. Der junge Mann saß mit gestreckten Beinen auf einer makellos blauen Sportmatte, wobei er seine Partnerin beidarmig um die Taille gefaßt und so seinen Oberkörper aufrecht hielt, während sie, den Kopf weit in den Nacken gelegt, mit durchgedrücktem Kreuz und angezogenen Knien auf seiner Beckengegend hockte, beide Hände frei, um sein Blondhaar zu zausen, ohne die Frisur allzusehr durcheinanderzubringen.

Die beiden lächelten sich dabei an, als ob diese Art der Umarmung eine geheime, dem Betrachter erst in der Nachahmung sich offenbarende Seligkeit verspreche, die auch der Schrifttitel des Büchleins noch bekräftigte: *Mehr Glück in der Ehe,* Untertitel: *99 neue Positionen beim Liebesspiel.* Der Text auf der Rückseite erläuterte dem Leser, daß es *auch und gerade in der christlichen Ehe* nicht unbedingt *ermüdend und langweilig* zugehen müsse, vorausgesetzt beide Partner wären nur um *mehr Abwechslung im Ehebett* hinreichend bemüht, wozu dies *reichbebilderte Standardwerk Anregung liefern* und zur *Bestätigung und Bestärkung* beidseitiger Wünsche beitragen wolle. Im übrigen handle es sich auch bei den Modellen *Helga und Holger selbstverständlich um reife verheiratete Menschen,* denen es genau wie den Erfindern der *99 neuen Positionen* keinesfalls um *seelenlose Sexualtechnik* oder gar *bloße Matratzenakrobatik* gehe, sondern um eine *Bereicherung und Vertiefung* dessen, was auch und gerade in der christlichen Gemeinschaft sein Recht verlangen dürfe, *die körperliche Vereinigung Zweier Menschen, die sich im Geiste bereits gefunden hatten.* Ausschließlich an Leser, die solche Voraussetzungen erfüllten, wende sich das Buch *Mehr Glück in der Ehe.*

Krueger hatte erst im reifen Alter von zweiundfünfzig Jahren sein Eheglück gefunden und seine jetzige Gattin kennengelernt auf einer evangelischen Akademie, an der sie einen der von ihm gern gehaltenen Vorträge über prähistorische Muttergottheiten mit angehört hatte, zu dessen Illustrationen er wie üblich selbstgemachte Dias und ein Video zeigte, das ihn, Krueger, in einer kretischen Krypta festhielt, deren Wände mit uralten Graffiti voll waren, die zumindest nur aus einem rundlichen, in sich gespaltenen Zeichen bestanden, das er als Symbol weiblicher Fruchtbarkeit, ja, der *Vulva* selbst, entschlüsselt zu haben sich rühmen durfte. Aus der Häufigkeit des Vorkommens schloß Krueger weiter auf die alles überragende Bedeutung dieser weiblichen Spezialität, ja, es sehe doch geradezu so aus, als hätten unsere Vorfahren *praktisch an nichts anderes denken können,* wie er scherzhaft in sein Resümee einzuflechten liebte, was seiner Zukünftigen, die ihn nach dem Referat darauf ansprach, ausgesprochen gut gefallen hatte: dieser, wie sie es ausdrückt hatte, *tolle Umgang mit einem so heiklen Thema.* Übrigens durfte Krueger selbst als ein gutes Beispiel dafür gelten, daß es einigen Zeitgenossen nicht wesentlich anders ging als ihren Urvätern, und das Buch, das jetzt aufgeschlagen in seinem Arbeitszimmer lag, hatte sich bereits damals nebst ähnlicher Fachlektüre in seinem Besitz befunden.

An welcher Stelle der Propst diesmal eine besonders viel Eheglück verheißende Stellung gefunden zu haben glaubte und wie diese aussehen mochte, war nach Lage des Breviers nicht ersichtlich und auch im ehelichen Schlafzimmer kaum eindeutig feststellbar, da hier eine Dunkelheit herrschte, die nur schwache Lichtreflexe auf rasch und ruckartig wechselnde Faltenwürfe der weißen Bettdecke erkennen ließ, deren dicke Daunen die Aktivitäten des reifen Ehepaars glücklicherweise züchtig verhüllten.

Wer den fleischigen Geistlichen kannte, durfte aber wohl davon ausgehen, daß Krueger sich auch in dieser Extremsituation noch streng an die bildliche Vorlage hielt – abgesehen von den fleischfarbenen Trikots, versteht sich.

3.

Auf den ersten Blick wurden Jennifer und Clausi selten für Geschwister gehalten. Erst wenn ihre Eltern dazukamen, erklärten sich die Kontraste, denn Jenny und Clausi waren Elisabeth und Albert wie aus den Gesichtern geschnitten, Jenny aus dem ihrer Mutter, mandeläugig, kurznasig, schürzlippig und natürlich blond, während Clausi Alberts Erbgut in Form einer untersetzten Figur mit sich herumschleppen mußte, hohlkreuzig das Bäuchlein vor sich her schiebend, dazu seine kurzen Beine, die platte Nase, aber auch die intensiven braunen Augen und das dichte, dunkle Haar, tief angesetzt in die niedere Stirn fallend.

Die beiden äußerlich so ungleichen Geschwister verstanden sich gut, da Clausi die Überlegenheit seiner jüngeren Schwester auf allen geistigen Gebieten neidlos anerkannte und ihr vertrauensvoll folgte auf all ihren Wegen, sofern sie ihn überhaupt dabeihaben wollte. Sonst wußte er wenig mit sich anzufangen, und seine Schwermut fand ihren Ausdruck in nichtsnutziger Trägheit.

Auch hierin ähnelte er seinem Vater, leider ohne über dessen sich selbst entlastende und sogar befriedigende Mundfertigkeit zu verfügen, nein, auch verbal war die kleine Schwester Clausi bereits voraus, weshalb Albert sie auch als Gesprächspartnerin favorisierte.

Übrigens war sich Jenny ihrer Wirkungen wohl bewußt, der dominierenden Rolle, die sie für Clausi spielte, ebenso wie der Anziehungskraft, die sie auf Erwachsene scheinbar mühelos ausübte.

Ihre kindliche Koketterie lief bisweilen sogar Gefahr, in berechnende Verschlagenheit auszuarten.

Am Morgen des 24. hatte Elisabeth den Kindern von dem dritten Gast erzählt, den Albert zur gemeinsamen Weihnachtsfeier gebeten hatte, und im Gegensatz zur Ankündigung von Propst Krueger, welchen beide bereits aus dem Kindergottesdienst kannten, den sie neuerdings auf Alberts Geheiß besuchen mußten, hatte die Aussicht auf diesen geheimnisvollen Fremden sie ehrlich begeistert.

Die Kurdenfrage beschäftigte sie seither sehr, und da ihnen ihre Mutter keine erschöpfendere Auskunft geben konnte als den Hinweis auf die offensichtliche Armut Kurts, versuchten Jenny und Clausi sie auf eigene Faust zu lösen.

»Ein Kurde ist ein ganz armer Mann«, wiederholte Jenny.

»Wie arm?« fragte Clausi. »So arm, daß er keinen eigenen Tannenbaum zu Weihnachten hat?«

»So arm, daß er nicht mal was geschenkt kriegt zu Weihnachten!«

»Wieso kriegen Arme denn nichts geschenkt?«

»Ich glaube, weil sie nichts zurückschenken können, weil sie zu arm sind.«

»Aber warum sind sie zu arm?«

»Vielleicht weil sie nichts geschenkt kriegen«, vollendete Jenny den teuflischen Kreis.

Aber Clausi hatte ausnahmsweise noch eine eigene Vorstellung:

»Oder sie sind arm, weil sie faul sind.«

»Aber Papa ist auch faul, und er ist trotzdem nicht arm.«

Albert, der gerade den Tannenbaum von der Terrasse ins Wohnzimmer wuchtete, hatte Jennys letzten Satz mit angehört und war im ersten Moment entsetzt, daß dieser Eindruck, der ja allenfalls auf seine Auftragslage während der letzten Monate zurückzuführen war, hatte entstehen können. Geräuschvoll schloß er die Terrassentür.

»Wer ist hier faul?« fragte er, entschlossen, der Sache eine launige Wendung zu geben.

Albert war Weihnachten an sich nicht bloß gleichgültig, sondern schon ein wenig lästig, da ihn diese Feier alljährlich die Anstrengung kostete, gute Miene zu einem Spiel zu machen, das er eigentlich völlig veraltet und überflüssig fand. Doch seit er mit Elisabeth verheiratet war, akzeptierte er um des lieben Ehefriedens willen ihren festen Wunsch, den Kindern die Illusion eines vollkommen harmonischen Familienlebens zu geben, zu dessen Krönungen eben solche Feste wie Weihnachten, Ostern und sämtliche Geburtstage zu zählen hatten, was ihm durch Elisabeths konservatives Festhalten am Hergebrachten erleichtert wurde, denn eigene Rituale für solche Gelegenheiten zu entwickeln hätte Alberts Bereitschaft unbedingt überfordert.

Zum Heiligen Abend gehörte nun mal, außer Lichterbaum und Gänsebraten, eine gewissermaßen friedliche Anspannung, die sich erst beim Öffnen der sorgfältig ausgesuchten und liebevoll verpackten Geschenke in eitel Freude aufzulösen hatte.

»Also, wer ist hier nun faul?« wiederholte Albert seine Frage mit gespieltem Nachdruck.

»Du, Papa!« gestand Clausi kleinlaut.

»Kurt, dieser Kurde«, log Jenny.

»Beides falsch«, behauptete Albert. »*Ihr* seid faul! Faßt lieber mal mit an und helft mir, diesen wundervollen Edeltannenbaum in unseren alten Ständer zu stellen.«

Jenny und Clausi rückten den dreibeinigen Fuß nach

Alberts Kommando in einer Ecke des Wohnzimmers zurecht, direkt am Fenster, da Albert sich von den spiegelnden Scheiben einen hübschen Dopplungseffekt für den Kerzenschein versprach.

Nachdem Albert die Metallschrauben so angezogen hatte, daß der Baum gerade stand, kam er nochmals auf die Unterstellung fehlender Arbeitsmoral zurück, wobei er vor allem Kurts nimmermüden Einsatz beim Rosenverkauf hervorhob. »Deswegen wird Kurt heute unser Gast sein«, betonte er, »ein ganz besonderer Gast, unser Weihnachtsehrengast! Denn Kurt ist nicht faul, und arm ist er nur, weil er sein Zuhause verloren hat.«

»Wie kann man denn sein Zuhause *verlieren?*« Der Gedanke schien Clausi zu entsetzen.

»Wenn andere böse Leute kommen und es einem wegnehmen«, erklärte Albert.

»Warum denn?«

»Weil … weil … also, ihr kennt doch bestimmt auch Kinder, die anderen oder sogar euch etwas wegnehmen, nicht? Und warum tun sie das?«

Jenny überlegte. »Manche tun das, weil sie das haben wollen, was uns gehört, und manche machen das, weil sie uns nur ärgern wollen«, wußte sie wohl zu unterscheiden. »Und manche«, fiel ihr noch ein, »weil sie uns nicht leiden können.«

»Und warum können die euch nicht leiden?« fragte Albert weiter und kam sich pädagogisch schon recht geschickt vor.

»Manche, weil wir sie geärgert haben, und manche, weil wir sie nicht leiden können.«

Ließen sich diese Einstellungen auf den Konflikt zwischen Türken und Kurden so einfach übertragen? Albert umging die Gleichsetzung, indem er nachbohrte: »Und was macht ihr, wenn euch so jemand was weggenommen hat?«

»Kommt drauf an ...« begann Clausi und sah hilfesuchend zu Jenny.

»Wenn die nicht so stark sind wie wir, nehmen wir es ihnen einfach wieder weg.«

»Und wenn die stärker sind als ihr?«

»Kommen wir zu dir oder zu Mama.«

»Eben«, nickte Albert hochzufrieden, »und deshalb kommt auch Kurt zu uns.«

»Und du gibst ihm sein Zuhause wieder«, folgerte Jenny, und obwohl Albert stolz war auf das Erinnerungs- und Kombinationsvermögen seiner Tochter und sie ungern enttäuschen mochte, mußte er doch einschränken: »Nicht ganz ... Aber wenigstens für einen Abend, für den Heiligen Abend, wollen wir Kurt ein Zuhause geben.«

»Und wenn der uns aber unser Zuhause wegnehmen will«, befürchtete Clausi und wurde von Jenny prompt beruhigt: »Kann er ja gar nicht, weil wir stärker sind als der ...«

Glücklicherweise kam jetzt Elisabeth ins Weihnachtszimmer und machte dem Diskurs ein Ende, indem sie, die das Recht, den Baum auf südschwedische Art zu schmücken, für sich allein beanspruchte, alle hinausschickte: Albert in die Küche, wo er traditionsgemäß die Gans vorzubereiten hatte, und die Kinder auf ihre Zimmer zum Aufräumen: »Denn wer jetzt nicht artig ist, der kriegt vom Weihnachtsmann morgen bestimmt keine Geschenke.«

Auch den Brauch, die Bescherung bis zum Morgen des ersten Feiertages aufzuschieben, hatte Elisabeth aus Skandinavien mitgebracht und hier eingeführt, was Albert insofern recht war, da es für ihn die Möglichkeit ausschloß, vor seinen Kindern im Kostüm des Weihnachtsmannes auftreten zu müssen, eine Vorstellung, die ihm weniger aus Faulheit als aus ebenfalls angebotenem Schamgefühl zuwider war.

Die Weihnachtsvorbereitungen im Hause Krueger schienen zunächst unter keinem sehr günstigen Stern zu stehen, denn der Propst betrachtete die Toilette seiner Gattin mit einigem Mißtrauen, das in offene Mißbilligung überging, als sie den goldenen Schleifen, die ihr kleines Schwarzes so taillenbetont zusammenrafften, daß ihre weiblichen Merkmale, die in einer üppig gerundeten Büste und ausladend eckigen Hüften bestanden, für Kruegers Geschmack allzu augenfällig betont wurden, noch eine weitere hinzuzufügen sich anschickte, ihre dunkle Lockenpracht damit kontrastreich zu bändigen.

»Nein, wirklich, Karin, meinst du nicht, daß diese doppelte Pracht unsere bescheidene Mitternachtsmette allzu hell zu überstrahlen droht?« formulierte Krueger, wie er meinte, nicht undiplomatisch.

»Ich denke, wir gehen zu einem festlichen Abendessen«, verteidigte sie ihre glänzende Ausrüstung, »und wann soll ich dieses tolle Ensemble hier denn anziehen, wenn nicht bei solchen Gelegenheiten?«

»Aber die Messe wird sich unmittelbar anschließen«, mahnte Krueger, »wir werden uns zwischendurch nicht mehr umziehen können.«

»Ich schon«, behauptete Karin und demonstrierte diese Fähigkeit, indem sie mit einem Griff die monierten Taillenschleifen löste und ihrem Kleid, das jetzt schlicht an ihrem Körper hinunterfiel, damit jede aufreizende Wirkung nahm.

Krueger schmunzelte: »Ich habe doch gewußt, daß

ich die ideale Pastorenfrau heiraten würde«, sagte er und betrachtete wohlgefällig sein massiges Spiegelbild, neben dem selbst das seiner gutgebauten Gattin recht zierlich wirkte, »auch wenn ich lange darauf warten mußte.«

Der Altersunterschied war allerdings ein erheblicher, knapp ein Vierteljahrhundert trennte die beiden.

Für Krueger kein Problem – im Gegenteil, gab es ihm doch Gelegenheit, neben dem Gatten und Liebhaber, der sich gern rühmte, dies Weib *sexuell erst erschlossen* zu haben, manchmal auch den väterlichen Freund herauszukehren, eine Rolle, die er noch unmittelbar vor dem Geibelschen Anwesen, beim Einparken des Autos, einnehmen zu müssen meinte.

»Paß auf, Karin, sollte dieser Architekt die Geschmacklosigkeit besitzen, das Thema Lambertikirche anzuschneiden, werden wir auf gar keinen Fall drauf eingehen.«

»Natürlich nicht«, bekräftigte Karin. »jedenfalls nicht heute ...« schränkte sie ein, »obwohl grundsätzlich doch nichts dagegen spricht, daß er ...«

»Karin, bitte!« Der Propst erstickte jede Selbständigkeit seiner Gattin gleich im Keim. »Wer diesen Auftrag bekommen wird, das entscheide letztlich nicht ich«, erklärte er voll falscher Bescheidenheit, »sondern unser Kirchenvorstand.«

»Aber du hast natürlich entscheidenden Einfluß. Du bist doch die Nummer eins!«

Der Propst fühlte sich einerseits geschmeichelt von dieser Hochschätzung seiner Bedeutung, andererseits aber auch unangenehm überrascht von der Parteinahme seiner Gattin.

»Wieso setzt du dich plötzlich so ein für diesen Geibel? Wir kennen den Mann doch kaum.«

»Nicht persönlich«, behauptete Karin, »aber er scheint doch ein Spitzenarchitekt zu sein. Nimm das neue Hotel oder sein Haus hier ...«

Sie deutete hinüber zur Geibelschen Villa, die aus dem Vorgarten angestrahlt wurde wie ein Baudenkmal. Albert hatte dies Haus tatsächlich entworfen und gebaut, um eine Art Visitenkarte in Krahl abzugeben: Die zweistöckige Backsteinfront gemahnte durch einen weißen Säulenvorbau und zwei seitlich angesetzte Veranden an die gravitätische Solidität des neuenglischen Kolonialstils, der, mit seinen Anleihen bei klassischen Vorbildern, in Krahl als Gipfel der Noblesse gelten mußte. Die hohen, kleinteiligen Fenster im Erdgeschoß waren festlich erleuchtet, und allein die Schatten zweier Kinderköpfe, die sich in den unteren Segmenten des einen abzeichneten, störten die strenge Symmetrie ein wenig.

»Gefällt dir das?«

Karin ging auf die Frage ihres Gatten nicht ein, denn auch sie hatte die Schatten der Kinderköpfe entdeckt. »Ich glaube, wir werden schon erwartet«, sagte sie und wollte aussteigen. Doch der Propst hielt sie, nach einem Blick auf seine Armbanduhr, zurück und sagte schelmisch: »Es ist noch Zeit für ein kleines Küßchen, mein Schnüßchen ...«

Ausnahmsweise zierte sich Karin zunächst, wobei die Sorge um ihr blasses Make-up nur ein vorgeschobener Grund war. In Wahrheit hemmte sie der Gedanke, daß außer den beiden Kindern auch der Hausherr Zeuge dieser Intimität werden könnte.

Vor einigen Wochen war es nämlich zu einer Situation zwischen ihm und ihr gekommen, die sie jetzt noch verwirrte, wenn sie daran dachte, wie Albert sie nach einem schlichten Erntedankfest im alten Gemeindezentrum in ein Gespräch verwickelt hatte, bei dem es anfangs nur um die Gestaltung des neuen sowie des gesamten Lambertikirchenkomplexes gegangen war, bis Albert sie unter dem Vorwand, ihr einige Details seiner Planungen besser vor Ort erläutern zu können, in den Pfarrgarten gelockt hatte.

Draußen unter den alten Apfelbäumen dämmerte es bereits, und der Herbstnebel trug das seine bei zu einer gewissen Atmosphäre wehmütiger Trautheit und ließ Alberts Beteuerungen, ihm gehe es in diesem Falle allein um die architektonisch vertretbarste, moralisch sauberste und ästhetisch ansprechendste Lösung, merkwürdig leidenschaftlich klingen und endlich in Vertraulichkeiten übergehen, die sie ihm nicht bloß gestattete, sondern die sie zunächst heimlich, dann unheimlich genoß. Seine *einzige Verbündete* hatte er sie genannt, seine *letzte Hoffnung,* wenn es um Verständnis für seine Visionen ging, eine *junge Frau,* die es mit den verknöcherten Herren, die leider darüber zu entscheiden hätten, schon aufnehmen könne, denn wer wolle so viel *weiblichen Reizen* auf Dauer schon widerstehen?

Er, Albert, könne das jedenfalls nicht.

Und sie, Karin, hatte nicht widersprochen, weder dieser Vereinnahmung noch der darin eingeschlossenen Herabsetzung ihres Gatten, sie hatte ihm auch nicht ihre Hand entzogen, die er schließlich ergriffen hatte, und war nicht einmal zurückgewichen, als er ihr seinen Kopf zugewandt und nach einem tiefen Blick aus seinen dunklen Augen sein Gesicht in ihrem Haar vergraben hatte.

Erst als er sich mit einem langen, wie entsagungsvollen Seufzer zurückgezogen hatte, war sie aus ihrer wohligen Lähmung erwacht und wortlos ins Haus zurückgegangen.

Seitdem hatte Karin keine Gelegenheit gefunden, Albert nach seinen Beweggründen für diesen Annäherungsversuch und dessen Abbruch zu fragen – und das war womöglich auch besser für sie, denn wäre Albert ehrlich gewesen, er hätte wohl zugeben müssen, daß für ersteres einige Berechnung und zuviel Kürbisbowle verantwortlich waren, während letzteres einem unüberwindlichen Abscheu vor der Berührung ihres strohtrockenen, fast drahtigen Haars und einem jähen Ekel, den der kernseifig frische Geruch ihrer Haut ausgelöst hatte, zuzuschreiben war, wodurch letztlich verhindert wurde, daß er das, was er verbal so geschickt vorbereitet hatte, mit einem Kuß besiegeln konnte.

Also blieb Pastor Krueger zunächst der einzige, der jenes Privileg genießen durfte und sogar Geschmack daran fand.

4.

Geibels Klingel erklang glockenrein um Punkt acht Uhr.

Jenny und Clausi öffneten ohne rechte Begeisterung, denn sie hatten schon kommen sehen, daß nicht der mit großer Spannung erwartete Kurde Kurt vor der Tür stehen werde, sondern bloß Kruegers, denen die beiden mit einer Mischung aus wohlwollendem Desinteresse und mißtrauischer Vorsicht entgegentraten, wobei letztere dem Propst galt, dessen übertrieben kindgerechte Ausdrucksweise im Dienste weitgehend unbegreiflicher Forderungen nach einer allenfalls Erwachsenen einsichtigen oder zumutbaren ethisch einwandfreien Lebensweise, die seine sonntäglichen Predigten prägten, bei Jenny und Clausi naturgemäß auf wenig Gegenliebe gestoßen waren. Vor allem von Kruegers beschwörenden Warnungen vor Sünden, für deren Begehen Kindern noch alle Voraussetzungen fehlten, hatten sie sich instinktiv abgestoßen gefühlt, und Jenny hatte einmal auf Kruegers wiederholte, an Einsicht und Bußfertigkeit appellierende Frage nach der wichtigsten Vorbedingung für die Vergebung solcher Sünden vollkommen zu Recht geantwortet: *So was erst mal gemacht* – also eine solche Sünde überhaupt begangen zu haben.

Clausi überfiel Krueger mit der Frage: »Und wo ist Kurt?«

Ehe Elisabeth, die hinzugetreten war, um Kruegers beim Ablegen der Mäntel behilflich zu sein, den Hintergrund der erbetenen Auskunft aufzuhellen in der Lage war, trat Albert mit einem Tablett voller Gläser aus der Küche in die *Halle,* wie er sein großräumiges Entree zu nennen liebte, und nötigte Kruegers, ein Begrüßungsschlückchen zu nehmen, das er mit Versicherungen begleitete, wie glücklich sich sein Haus schätze, gerade hier, gerade heute, gerade diesen Besuch begrüßen zu dürfen. Albert wirkte während dieses Toastes so aufgekratzt, daß Elisabeth der Verdacht kam, ihr Gatte habe sich in der Küche bereits das eine oder andere Glas genehmigt von seinem *Kochwein,* wie er das rechtfertigte, wenn er die bisweilen erheblichen Reste aus Flaschen, die er zum Abschmecken von Saucen oder zum Ablöschen von Gebratenem geöffnet hatte, zügig in sich hineingoß.

Immerhin trug Alberts deutlich gehobene Stimmung zur Überwindung der anfänglichen Scheu bei, die vor allem Karin kaum zu verbergen vermochte, und die launige Schilderung der Begegnungen mit Kurt, die schließlich zur kurzfristigen Einladung des Kurden geführt hatten, legte ein allgemein interessierendes Thema für ein Gespräch vor, das im Stehen geführt wurde und in dessen Verlauf sich bald herausstellte, wer in dieser Runde der einzige Kenner auf diesem Gebiet war: Krueger las regelmäßig Zeitschriften und Artikel, die von den anderen allenfalls durchblättert und überflogen wurden, und verfügte so über erhebliche Halbbildungsreserven, die er bei passender Gelegenheit gern angriff. »Der schmutzige Krieg gegen das kurdische Volk im Südosten der Türkei dauert bereits mehr als zehn Jahre«, belehrte er seine Zuhörer.

»Ach was?« sagte Albert, dem der Ernst, mit dem diese Worte gesprochen wurden, bewußtmachte, wie leichtfertig er seine Beziehung zu Kurt dargestellt und wie spottlustig er mit dessen Herzenswünschen umgegangen war, was er jetzt durch forcierte Anteilnahme wettzumachen trachtete: »Über zehn Jahre, wow ...«

»Man hört und liest so wenig darüber«, behauptete Elisabeth, die es kategorisch ablehnte, Schreckensnachrichten in der Presse, im Hörfunk oder gar im Fernsehen auch nur zur Kenntnis zu nehmen.

»Im Moment ist dort Winter und die Waffen schweigen«, erklärte Krueger, »das heißt aber keineswegs, daß ein Ende des Krieges oder gar die Lösung der Kurdenfrage auch nur in Sicht wäre.«

»Natürlich nicht«, assistierte Albert.

Und der Propst verbreitete sich nun mit Behagen über die historischen Hintergründe des Völkermordes, die Aussichten auf eine Einstellung desselben und die tragische Dimension im Verhältnis der Konfliktparteien zueinander. Um eine Definition gebeten, ließ er es allerdings diplomatisch offen, ob man in den Kurden Freiheitskämpfer, Partisanen, Guerillas oder Terroristen zu sehen habe. Alberts Hinweis auf den religiösen Kern des Krieges schien ihn hingegen zu befremden.

»Wieso religiös?« fragte er verblüfft zurück und stellte dann klar, daß es der Türkei allein um *nationale Ansprüche* gehe beziehungsweise um deren staatliche Verwirklichung.

»Aber die sind doch Christen, die Kurden!«

»Keineswegs, sie sind Moslems, genau wie die Türken.«

»Komisch«, fand Albert und nutzte die Gelegenheit, auf den vorliegenden Fall zurückzukommen. »Dann war das womöglich nicht allzu taktvoll, einen Kurden ausgerechnet zum Heiligen Abend einzuladen?«

»Aber warum denn nicht?« schaltete sich Karin in die Diskussion ein. »Ist doch toll, die Idee.«

Und ihr Gatte ergänzte: »Aber gerade! Gerade am Heiligabend! Toleranz ist schließlich das wichtigste im Verhältnis der Weltreligionen untereinander.«

Alle nickten nun so nachdrücklich, als könnten sie es kaum erwarten, dieses Postulat durch ihre Unterschrift zu beglaubigen und damit in eine bessere Wirklichkeit umzusetzen.

Aber wo blieb Kurt?

Man einigte sich rasch und reibungslos darauf, auch diese seine Verspätung zu tolerieren und die Wartezeit auf unterschiedliche Weise zu nutzen: Während die Damen den Eßtisch zu decken begannen und Albert in die Küche eilte, um seine Gans zu begießen, erbot sich Propst Krueger, der seine diesbezüglichen Talente nicht eben niedrig schätzte, die Kinder bei Laune zu halten, indem er ihnen die Weihnachtsgeschichte in einer hochmodernen Form nahezubringen versprach, nämlich auf einer CD-ROM, die von der evangelischen Kirche in Auftrag gegeben und eben erschienen war und die er eigens mitgebracht hatte in der, wie sich herausstellte, berechtigten Hoffnung, im Hause Geibel die Hardware vorzufinden, die zu ihrer Vorführung notwendig wäre.

Erstaunlich routiniert installierte Krueger sein Präsent in Alberts PC, und schon bald erschienen Engel auf dem Monitor, um – begleitet von Mendelssohnschen Fanfaren – die Frohe Botschaft zu verkündigen, nämlich *eine große Freude und allen Menschen ein Wohlgefallen …*

Clausi hätte es wohl noch mehr gefallen, wenn diese geflügelten Wesen per Joystick zum Abschuß freigegeben worden wären, doch auch ohne martialischen Möglichkeiten waren Jenny und er durchaus fasziniert von diesem evangelischen Kapitel.

Es begab sich aber zu der Zeit …

Bereits zum ersten Satz der Weihnachtsgeschichte lieferte nun freilich der Computer so mannigfaches Informationsmaterial über die Person und Regierungszeit des Kaisers Augustus, die Struktur und Kolonialpolitik des Römischen Reiches, die Verhältnisse im damaligen Palästina und die Aufgaben eines Landpflegers in Syrien, das Prinzip der Volkszählung und den Geburtsort der Heiligen Familie, daß die Kinder aus dem Gähnen kaum mehr herauskamen, was Kruegers Begeisterung für dies zeitgemäße Erzeugnis seines Stammhauses allerdings keinerlei Abbruch tat.

Nimmermüde klickte er sich durch alle möglichen Punkte des digitalen Programms.

Die Damen hatten indes im Weihnachtszimmer längst alle Vorbereitungen getroffen: Sieben Gedecke harrten ihrer Benutzung auf dem damastgedeckten Eßtisch, der zur Feier des Tages mit burgunderroten Platzdeckchen belegt war, von denen sich die Tannenreiser, die das zentrale Terrain bekränzten, recht dekorativ abhoben.

Karin hatte Elisabeths Kopenhagener Service, ihre Silberbestecke und ererbten Kristallgläser ehrlich bewundert und dafür pflichtschuldige Komplimente in bezug auf ihr Kleid und dessen Verschnürung von Elisabeth zurückerhalten, als man, wie zumeist, wenn Erwachsenen der Gesprächsstoff auszugehen droht, beim Thema Kinder gelandet war. Deren Mutter hatte nochmals betont, wie sich die zwei auf den Weihnachtsbesuch gefreut hätten und wie sehnlich sie auch den angekündigten Fremdling erwarteten, dessen nun schon erhebliche Verspätung auch Karin nicht zu erklären wußte, die zu tadeln sich jedoch beide Frauen noch scheuten, jedenfalls in der Entschiedenheit, wie sie es sich bei einem Gaste deutscher Herkunft zweifellos getraut hätten. Konnte man denn sicher sein, ob es im Morgenlande nicht der Brauch wäre, die zu Verabredungen bestimmte Zeit zu überschreiten, so wie etwa hierzulande gewisse akademische Veranstaltungen traditionsgemäß erst eine Viertelstunde nach angeblicher Ansetzung zu beginnen?

»Vielleicht«, folgerte Karin, »ist es auch deswegen für so einen so schwierig, hier irgendwie Anschluß zu finden.«

»Oder gar eine deutsche Ehefrau«, ergänzte Elisabeth, »wir halten schließlich auf Pünktlichkeit.« Obwohl Schwedin von Geburt, schloß sich Elisabeth in diese deutsche Primärtugend mit ein, und Karin kam gar nicht auf die Idee, diese Gemeinsamkeit in Zweifel zu ziehen.

»Dabei denke ich manchmal, irgendwo wäre es vielleicht echt besser, nicht immer so nach der Uhr leben zu müssen. Ganz früher habe ich oft davon geträumt, dieses ganze Zeugs einfach zu vergessen, abzuhauen, bißchen rumreisen und so …«

»Also ein Nomadenleben zu führen«, faßte Elisabeth hilfreich zusammen.

»Na ja, und nun … was bleibt uns anderes übrig?« fragte Karin rein rhetorisch und zitierte ihren Gatten. »Um Punkt 23 Uhr werden die Glocken zur Mitternachtsmesse rufen, soviel steht fest.«

Elisabeth sah jetzt auf ihre Uhr und erkannte das Problem sogleich. »Es ist schon nach halb neun«, teilte sie mit und leitete daraus den Vorschlag ab, unverzüglich Albert in der Küche aufzusuchen, um ihm mitzuteilen, daß man leider ohne den letzten Gast mit dem Essen zu beginnen habe.

So fanden sie Albert vor dem Backofen kniend, als bete er zu seiner Gans, deren goldbraune Hautfarbe zusehends zum Maronenhaften changierte, ihre schmackhafte oder zumindest eßbare Konsistenz noch nicht einzubüßen. Elisabeth bemerkte mit Schrecken, daß inzwischen eine zweite Flasche Burgunder beinahe geleert auf dem Küchentisch stand, von der Albert ungefragt behauptete, er habe ja deren Inhalt ausschließlich auf die Gans verwendet, da deren Fleisch erfahrungsgemäß drohe knochentrocken zu werden, wogegen ihm sonst nur das Mittel bleibe, sie ganz aus dem Ofen zu nehmen und in Einzelteile zu zerlegen, die beim Eintreffen Kurts wieder aufzuwärmen wären, was dann freilich nur einen notdürftigen Ersatz für den geplanten Festschmaus ergebe.

»Wir haben gerade beschlossen, nun ohne Kurt mit dem Essen anzufangen«, setzte Elisabeth den sorgenvollen Koch in Kenntnis und traf auf volles Verständnis. »Ich hole die Kinder.«

Als Karin ihr folgen wollte, wurde sie von Albert unter dem Vorwand zurückgehalten, er bedürfe gerade jetzt ganz dringend einer kundigen Küchenhilfe.

»Ja, Karin, ich brauche Sie!« wiederholte er zweideutig, sobald seine Gattin den Raum verlassen hatte, und obwohl Karin sich von dem schweiß- und fetttriefenden, Rasierwasser und Rotwein ausdünstenden Mann, der ihr immer näher trat, eher abgestoßen fühlte, war sie doch vom leise flehenden Blick seiner dunklen Hundeaugen angerührt und so gebannt, daß sie erst aus seiner Reichweite floh, als er seine fettigen Hände um ihre Hüften legen wollte.

»Mein Kleid!« stöhnte sie schwach.

»Auszieh'n!« lallte er hingerissen vom eigenen Verführungsschwung, »das ziehen wir einfach aus«, wiederholte er deutlicher, entledigte sich seiner Schürze und wischte sich beide Hände darin ab, zum Zeichen, daß es jetzt zur Sache gehe.

»Aber doch nicht hier!« warnte sie, ganz entsetzt von seinem Ansinnen.

»Wo denn? Sag es mir! Sag es!«

Karin dachte ernsthaft nach. »Na ja … während er predigt vielleicht«, wisperte sie und wußte selbst nicht, ob sie jetzt nur Zeit gewinnen oder diese Verabredung wahrhaftig einhalten wollte.

Albert nickte heftig. »Ja, während der Messe, vor Mitternacht, hinter der Sakristei!« schlug er vor, denn als gewissenhafter Architekt kannte er inzwischen jeden Winkel der alten Kirche genau. »Da können wir ungestört … reden.«

Und wieder versenkte er seine Nase in ihrem sperrigen Haar, doch diesmal war es nicht der Geruch nach

Spray und Kernseife, der ihn Abstand nehmen ließ, sondern der nach angebranntem Gänsefleisch.

Elisabeth hatte ihre Kinder und den Propst vor dem Computer angetroffen, verstrickt in eine erregte Diskussion über unbefleckte und andere Formen der Empfängnis sowie Schwangerschaften und deren Abbruch. Denn leider mußte unter den Programmierern der Weihnachtsdiskette einer gewesen sein, der den Zustand der werdenden Mutter Maria, den selbst das Lukas-Evangelium mit den Worten *die war schwanger* eindeutig definiert, als Abtreibungsgegner zum Anlaß genommen hatte, die fötale Entwicklung im Mutterleib sowie die Folgen eines möglichen Eingriffs drastisch im Bilde zu demonstrieren.

Der angstvoll aufgerissenen Kinderaugen ebensowenig wie der mahnenden Blicke Elisabeths achtend, schickte sich Krueger nun auch noch an, den biologischen Vorgang, der zu solchen Früchten führen konnte, kennerhaft zu erläutern: »Der Josef war zwar schon ein älterer Knochen, doch das heißt noch lange nicht …«

»So, Kinder«, unterbrach ihn Elisabeth und klatschte in die Hände, »zu Tisch, zu Tisch!«

»Wie alt denn?« wollte Clausi wissen.

»Etwa so alt wie du?« fragte Jenny direkt.

Krueger war keineswegs beleidigt.

»Ja, so etwa, das dürfte ungefähr hinkommen«, bestätigte er. »Also der Josef war so alt wie ich und die Maria so jung wie meine Karin – und wir beide, das kann ich euch flüstern, Kinder …«

Noch einmal klatschte Elisabeth in beide Hände, und doch darf bezweifelt werden, ob sich der Propst davon hätte abhalten lassen, den Kindern seine ehelichen Gewohnheiten offenzulegen, so feurig war er bei dieser Sache – nein, es war allein der Glockenklang der

Türklingel, der ihn stoppte und das Interesse der Kinder schlagartig umleitete.

»Das isser!« rief Jenny begeistert und lief hinaus, dicht gefolgt von ihrem Bruder Clausi.

»Schade«, brummte Krueger und machte sich daran, Alberts Computer zu entladen und herunterzufahren. »Die CD-ROM können Sie übrigens behalten«, sagte er zu Elisabeth. »Kinder sind ganz fasziniert davon, und wir können ihnen die kompliziertesten Vorgänge viel leichter faßlich machen.«

»Aber die beiden gehen noch nicht mal zur Grundschule«, wandte Elisabeth vorsichtig ein.

»Eben!« triumphierte Krueger und ließ die silberne Scheibe ejakulieren. »Damit lernen sie spielend.«

Kurt trug ein in Zeitungspapier gewickeltes großes Bündel und unter seinem Parka einen dunkelblauen Anzug mit silbergrauen Nadelstreifen, der ihm zu klein war und ebenso eng saß wie das weiße Hemd, dessen oberster Knopf ihm fast den Kehlkopf abzuschnüren schien. Er mußte sein Geschenk ablegen, um den Mantel auszuziehen, dann nahm er es wieder an sich und wickelte es aus.

Die Kinder starrten ihn an, und er starrte zurück, alle drei bisher sprachlos. Mit Kurt in der Mitte ging's durch die Halle ins Weihnachtszimmer. Dort stupsten sie ihn sanft durch die offenstehende Schiebetür, in deren Rahmen sie selbst stehenblieben, überwältigt vom weihnachtlichen Anblick.

Karin, die sich – auch um Alberts Zudringlichkeit zu entkommen – erboten hatte, die Kerzen am Baum zu entzünden, bemerkte Kurt erst, als auch die letzte brannte und sie sich langsam umdrehte: Der kleine drahtige Kurde starrte sie aus dunklen Augen an, noch viel flehender und drängender als Albert. Unwillkürlich zupfte sie die Goldschleifen an ihrem Kleid zurecht und lächelte erwartungsvoll, als Kurt nun auf sie zutrat und ihr den Strauß roter Rosen darreichte wie eine Morgengabe. Sie nahm das Gebinde behutsam wie ein Neugeborenes in den Arm, neigte leicht den Kopf und sog den Duft ein, der sonst zu schwach war, den Geruch nach Tannennadeln und Kerzenwachs zu durchdringen.

Kurt verbeugte sich sehr tief vor ihr – da gingen fast gleichzeitig zwei weitere Türen auf. Albert kam mit dem Gänsebraten aus der Küche, Elisabeth und Krueger mit der CD-ROM aus dem Arbeitszimmer.

»Fröhliche Weihnachten!« riefen alle, Albert zuerst, dann Krueger, dann die Frauen und schließlich auch die Kinder: »Fröhliche Weihnachten!«

5.

Das Tischgespräch war vom vergeblichen Bemühen fast aller Beteiligten gekennzeichnet, etwas wiedergutzumachen, was gar nicht verbindlich definiert werden konnte und von jedem anders begriffen wurde, so daß kein eigentlich kollektives Schuldgefühl entstehen wollte, was bei aller Bußfertigkeit ein konkretes Sühneopfer unmöglich und eine moralische Entschädigung schwierig gemacht hätte, wenn nicht wenigstens Einigkeit über deren Empfänger unausgesprochen erzielt worden wäre, denn im Mittelpunkt aller diesbezüglicher Verpflichtungen stand natürlich der Kurde Kurt.

Zunächst einmal war auf Elisabeths Anraten darauf verzichtet worden – mit Rücksicht auf die dem Fremdling unterstellte religiös fundierte Empfindlichkeit –, alkoholische Getränke zum Essen überhaupt anzubieten; daß auch ein Hintergedanke an Alberts Anfälligkeit, die in einem bereits deutlich erhöhten Promillegehalt ihren Ausdruck fand, für diese Enthaltsamkeit sprach, hatte sie mit keinem Wort erwähnt, mußte jedoch zu ihrem Schrecken mit ansehen, wie Albert die Prohibition durch wiederholte Besuche in der Küche, die angeblich der Vorbereitung des Desserts, der Bereitstellung verschiedener Gewürze und der Beschaffung von Nachschub an Klößen und anderen Beilagen dienen sollten, systematisch unterlief, was fast zwangsläufig zur Folge haben mußte, daß sein angetrunkener Zustand in diesem nüchternen Umfeld nur noch immer auffälliger und skandalträchtiger erschien.

Übrigens war die Gans auch durch Nachwürzen nicht mehr zu retten, was jedoch nur von den Kindern indirekt kritisiert wurde, indem sie ihre Teller weitgehend unberührt ließen und sich hinter den Lichterbaum zurückzogen, wo sie das Begleitheftchen zu Kruegers Weihnachts-CD-ROM nach weiteren Details über Marias Schwangerschaft und Josefs Anteil daran vergeblich durchsuchten. Wie sehr sich die Erwachsenen auch bemühen mochten, den Braten zartzureden, blieb das Gänsefleisch doch ebenso zäh und trocken wie die kurzen Antworten, die sich Kurt auf alle möglichen Fragen nach seinen persönlichen Verhältnissen, der generellen Situation seines verfolgten Volkes und den Unterschieden zwischen seiner alten und seiner neuen Heimat entlocken ließ.

Nur ein einziges Mal wurde Kurt, gemessen an seinem Temperament, geradezu lebhaft: Als sich nämlich Karin nach der Lage der Frau im Islam erkundigte, sprang er vom Tische auf und deutete unter Zuhilfenahme seiner Serviette die verheerenden Folgen der traditionellen Verschleierung auf die Attraktivität muslimischer Frauen auf Muselmänner wie ihn an. Im Gegensatz dazu seien deutsche Frauen *ganz schön,* beteuerte Kurt und demonstrierte sein ästhetisches Credo sowie seine Fingerfertigkeit, indem er aus dem quadratischen Mundtuch mit wenigen Kniffen eine Art Büstenhalter faltete, den er sich zur Freude der Kinder an der richtigen Stelle vorhielt, während er Karins Oberweite mit rollenden Blicken verzehrte, die selbst Albert in seiner Benebelung nicht entgingen und zu einem Themawechsel Anlauf nehmen ließen. Nach einem umständlichen Versuch, den Propst durch Fragen nach den Perspektiven moderner deutscher Kirchenarchitektur unter besonderer Berücksichtigung gewisser Bausünden der ersten Nachkriegsjahre abzulenken, und nach ebenso mißlungenen Anstrengungen, das Wort *Materialermüdungsmisere* zusammenhängend über die tauben Lippen zu zwingen, vergaß Albert endlich alle vorsichtigen Vorsätze und nahm sein pralles Herz in beide Hände: Was denn nun aus dem Projekt Lambertikirche werden solle, fragte er so direkt und laut, daß der Propst geradezu zurückschreckte und über den Umweg der ausweichenden Bemerkung, die Erörterung dieser Frage eigne sich für diesen privaten Rahmen kaum und schon gar nicht an diesem Abend, auf sein Spezialgebiet zurückzugelangen trachtete: Enthalte denn nicht auch die Weihnachtsgeschichte einen Fall von Asylsuche?

Kurt erkannte überraschend sein Stichwort und zeigte auf die mitgebrachten roten Rosen, die in einer Kristallvase prangend den Eßtisch schmückten:

Die seien alle für die *deutsche Frau,* die ihn heiraten wolle, und dann: *Asyl!*

Der Propst fühlte sich bemüßigt, ihn dahingehend zu belehren, daß zum Fundament der christlichen Ehe mehr als materielle Beweggründe – und dazu müsse man letztlich auch sein gewiß dringendes Bedürfnis nach einer neuen Staatsbürgerschaft zählen – gehörten, die bloße Versorgungsgemeinschaft, als welche die Ehe in anderen Zivilisationen und zu anderen Zeiten begriffen werde oder wurde, sei vielmehr sublimiert worden zu einer adäquaten Übertragung der göttlichen Gnade in zwischenmenschliche Bereiche: »Oder um es einfacher auszudrücken«, der Propst wandte sich direkt an Kurt, »keine Ehe ohne Liebe!«

Kurt nickte entschieden: »Ehe mit Liebe. Und Sex.«

Kurt sah auch bei diesen Worten eindeutig Karin an, und der Verdacht, den Elisabeth schon einige Zeit gehegt hatte, verdichtete sich zur Gewißheit: Hier lag offenbar ein Mißverständnis vor, das sie mit der scherzhaft vorgebrachten Bemerkung, sowohl Karin als auch sie selbst würden Kurt nur zu gern behilflich sein, leider seien sie jedoch beide bereits gebunden und kämen deshalb nicht in Frage, zu beseitigen bemüht war.

Kurt ließ sich jedoch nicht beirren, akzeptierte allenfalls den Geibelschen Ehestand, während er zwischen Karin und dem Propst keine Verbindlichkeit anerkennen wollte.

»Du Priester?« fragte er dringlich, und als Krueger nickte, wiederholte er hochzufrieden den bestätigten Status quo: »Du Priester!«

Ob der Propst die Schlüsse, die anscheinend Kurt aus dieser endgültigen Feststellung zog, nachvollziehen konnte oder wollte und weshalb er sie keiner korrigierenden Replik für würdig hielt, blieb Albert unklar. Es war ihm auch ziemlich egal.

»Um noch mal auf diesen Umbau da zurückzukommen, ganz unverbindlich, meine ich …«, doch ehe noch Albert irgendwelche mehr oder minder unmoralische Angebote vorbringen konnte, fragte ihn der Propst scheinbar unvermittelt: »Kennen Sie das 14. Kapitel im Evangelium des Markus?«

Albert mußte zugeben: »Das nicht.«

Und der Propst zitierte aus seinem Gedächtnis Vers 28 folgende: »Wer von euch, der einen Hochbau plant, setzt sich nicht vorerst hin und berechnet die Kosten, ob er auch die Mittel habe zur Ausführung?«

»Ganz klar«, nickte Albert, »aber …«

»Sonst legte er den Grund«, fuhr der Propst, der diese Verse daheim auswendig gelernt hatte, gebieterisch fort, »ohne den Bau vollenden zu können. Dann …«

»Logisch«, bekräftigte Albert, »denn …«

»Dann würden es alle Leute sehen und über ihn zu spotten beginnen: Das ist der Mann, der einen Bau begonnen, aber zu Ende führen vermochte er ihn nicht. So steht es geschrieben, und …«

»Vergessen Sie bitte nicht, was Sie sagen wollten, aber vorher …«

Vorher kamen Jenny und Clausi dazwischen, die *endlich* ihren Nachtisch verlangten und ihren dafür zuständigen Vater mit diesem Wunsch in die Küche trieben.

Die Kinder waren am Ende der Weihnachtsgeschichte auf die Heiligen Drei Könige getroffen und wollten nun wissen, wo das *Morgenland* wäre. »Oder gibt's das etwa gar nicht?« fragte Clausi mißtrauisch, und Jenny ergänzte spitzfindig, es gäbe schließlich auch kein *Gestern*- und kein *Heute*land.

Der Propst erklärte ihnen lächelnd, das Morgenland liege dort, wo am Morgen immer die Sonne aufgehe.

»Hinterm Bahnhof«, folgerte Clausi, und alle Erwachsenen lachten, und Elisabeth bestätigte, die Richtung stimme schon, das Morgenland sei allerdings viel weiter weg, im übrigen säße ein Experte am Tisch: Kurt komme nämlich aus dem Morgenland.

Doch Kurt war für die Kinder kein Gesprächspartner mehr, er hatte sie von Anfang an sehr enttäuscht mit seiner profanen Erscheinung.

»Aber der ist doch kein König«, stellte Jenny richtig.

»Der ist doch ganz arm«, erinnerte sich Clausi, und ehe Elisabeth es verhindern konnte, fügte er abschätzig hinzu: »Der hat noch nicht mal ein Zuhause!«

Kurt sah nicht beleidigt aus, sondern finster entschlossen: »Kurt zu Hause hier.«

Clausi sah sich in seinen schlimmsten Befürchtungen bestätigt und hätte bestimmt angefangen zu weinen, wenn Jenny nicht die rettende Idee gekommen wäre: »Aber diese drei Könige sind doch auch wieder dahin gegangen, wo sie hergekommen waren.«

Der Propst mußte das einräumen, versuchte aber Kurt eine goldene Brücke zu bauen und alle zu versöhnen mit der Unterstellung: »Kurt würde gewiß auch lieber in seine Heimat zurückkehren, wenn er nur könnte und dürfte ...«

»Nein«, sagte Kurt kategorisch. »Nie.« Und mit einem Seitenblick auf Karin kam er aufs Positive: »Kurt heiraten, arbeiten, reich werden hier.«

Keiner wagte zu widersprechen, und so war es Albert, der das Schweigen brach, indem er mit einem nicht ganz gelungenen Lebkuchensoufflee aus der Küche zurückkehrte, das er mit den vorüberlegten Worten servierte, auch Architekten könne halt hin und wieder etwas *einfallen,* das aber zumindest die Kinder von weiteren Nachfragen abhielt, die zum Verzehr der

Süßspeise wieder auf ihren Lieblingsplatz hinter dem Christbaum auswichen.

Ihr Vater verschwand ebenfalls, diesmal in seinem Arbeitszimmer, aus dem er bald darauf – Elisabeth hatte inzwischen nochmals versucht, Kurt vor allzu hochgespannten Hoffnungen, die doch nur in bitterer Enttäuschung enden konnten, zu bewahren – mit einer großformatigen Mappe zurückkam, deren Inhalt von einem Etikett mit säuberlicher Architektenhandschrift als *Projekt Lambertikirche Krahl* angekündigt wurde.

»Einen Moment, Herr Geibel!« Der Propst schob sein Dessert beiseite und wurde ernsthaft böse. »Ich will davon nichts sehen! Herr Geibel, ich habe Ihnen bereits gesagt, daß dies Thema hier und heute tabu zu sein hat, jedenfalls für mich.«

»Ich glaube, ich würde ganz gerne mal sehen…« Karin kam nicht dazu, ihren Wunsch auszusprechen, denn der Propst sagte donnernd: »Nein. Nicht jetzt.«

Als Albert seine Mappe trotzdem aufschlagen wollte, mußte er sein halbvolles Rotweinglas, das er sich gedankenverloren von einem weiteren Zwischenstopp aus der Küche mitgebracht hatte, absetzen und tat das unglücklicherweise so nah der Tischkante, daß es schon vom Luftzug des Aufblätterns des Mappendeckels auf eine kurze Flugbahn geschickt wurde, die in Karins Schoß jäh endete.

Kurt war der erste, der geistesgegenwärtig aufsprang, das Glas entfernte und zum zweiten Mal an diesem Abend seine Serviette zum Sondereinsatz brachte, in diesem Fall als Tropfenfänger und Putztuch für Karins Kleid, was ihm nebenbei Gelegenheit verschaffte, die Verunreinigte an einer Stelle zu berühren, die dem Ziel seiner Wünsche nahe kam.

Wieder war es Elisabeth, die beherzt eingriff und Karin aus Kurts Reichweite brachte, um den Rotweinfleck im Badezimmer mit wirkungsvolleren Mitteln wie Heißwasser und Fleckenseife zu bekämpfen.

Die Turbulenz hatte auch Jennys und Clausis Interesse geweckt, doch allein Kurt war bereit, wenn auch nicht gänzlich imstande, es zu befriedigen. »Mappe auf – Glas weg.«

Albert indes hatte im irrigen Glauben des Trunkenen, ihm sei nun alles erlaubt, beschlossen, den Zwischenfall einfach zu ignorieren und sich den Propst jetzt gerade vorzunehmen, um ihn wenn möglich ganz gefügig zu machen.

»Passen Sie mal auf, Herr Krueger, bitte ...« Mit schwerer Zunge rang Albert um die rechten Worte. »Herr Krueger, ich brauche natürlich Ihre Unterstützung im Dings, im Bewirtungsausschluß«, formulierte er mit unbewußter Anspielung auf den vorangegangenen Umfall. »Und ich rechne daraus!«

»Wenn Sie sich da mal nicht verrechnen, Herr Geibel!«

»Wassoll dasseissen?«

Auch wenn für Alberts verschütteten Spürsinn die Drohung noch zu versteckt gewesen war, sah Krueger keine Veranlassung, jetzt noch deutlicher zu werden, sondern sah auf seine Uhr und heuchelte Erstaunen.

»Was?!« rief er, »schon Viertel nach zehn! Ist das denn die Möglichkeit?«

Unvermutet war es Kurt, der, eine schwere goldene Uhr enthüllend, die an breitem Armband von seinem schmalen Handgelenk baumelte, diese Möglichkeit offiziös bestätigte: »Zehneinviertel.«

»Höchste Zeit! Ich muß los, muß mich ja noch mental auf meine Messe einstimmen, nicht wahr?« Der Propst sprach jetzt sozusagen *ex cathedra* zu sämtlichen

Anwesenden. »Die Pflicht ruft, und ich nehme mein Amt nicht auf die leichte Schulter.« Als immer noch keine Reaktion kam, präzisierte er: » Wir müssen in die Kirche.« Doch erst als der Propst hinzufügte »Wo bleibt denn Karin?« begriffen alle, worauf er noch wartete, und Albert, den die Zurechtweisungen womöglich doch in die Wirklichkeit zurückgestoßen hatten, erbot sich, nachschauen zu gehen.

Als sei das selbstverständlich, folgte ihm Kurt auf dem Fuße und kam so ebenfalls in den ihn über alle Zweifel erhebenden Genuß des Anblicks einer Karin in beigefarbener Angoraunterwäsche durch die halbgeöffnete Badezimmertür, der erst von Elisabeth abgekürzt wurde, die auf ein leises Geräusch hin – entweder von Alberts Schluckauf oder von Kurts Seufzer herrührend – die Tür hinter sich schließend mitteilte, es werde noch einige Minuten dauern, bis das Kleid wieder trocken und die bis dahin nur Halbbekleidete damit wieder transportfähig sei.

»Wir werden das dem Propst erklären«, entschied Elisabeth, sich an Kurt wendend. »Nicht wahr, Kurt?« Und ehe der an Gegenwehr nur denken konnte, zog sie ihn mit sich fort, was Albert nun Gelegenheit gab, die Badezimmertür wieder zu öffnen, um Karin, die hinter einem Duschvorhang Zuflucht gefunden hatte, mitzuteilen, daß seine, Alberts, Gefühle für sie, Karin, unverändert seien, was insofern stimmte, als auch der kurze Augenblick der Enthüllung ihrer Dessous keinerlei Leidenschaft in ihm entfacht hatte, geschweige denn ihn in einen Zustand geistigen oder gar körperlichen Begehrens versetzen konnte, der die Heftigkeit der nun von ihm herausgestoßenen Worte auch nur ansatzweise gerechtfertigt hätte: »Karin, du ...« und nach kurzem Bedenken weiter: daß es bei ihrem verabredeten Rendezvous bleibe, ja bleiben *müsse,* weil davon so vieles, ja, *alles* für ihn abhänge, und er sie …

»Auf Wiedersehen, Herr Geibel!« Die schallende Stimme des Propstes unterbrach Albert in seinen Beschwörungen. Sie kam zwar aus der Halle, doch das schloß nicht ganz aus, daß Krueger *en Passant* etwas Anstoßerregendes gehört oder gesehen haben konnte. Albert wagte nicht zu antworten, sondern stellte sich einfach tot.

Eingangs- und Badezimmertür fielen fast gleichzeitig ins Schloß.

6.

Auf seiner Fahrt zur Kirche überkam Propst Krueger ein heiliger Zorn. Er dachte ernsthaft daran, seine gesamte Weihnachtspredigt umzustellen und dem einzigen Zweck zu widmen, diesen Geibel und Pharisäer seinesgleichen vor der ganzen Christenheit auf ewig bloßzustellen oder dem Unverschämten zumindest vor versammelter Gemeinde einen Denk- und Strafzettel zu verpassen.

Leider – oder vielleicht doch zu seinem Glück – wollte dem Prediger keine zitable Bibelstelle einfallen, die der perfiden Heuchelei und gemeinen Taktlosigkeit Geibels ganz gerecht geworden wäre: Das sprichwörtliche Linsengericht, mit Hilfe dessen Jakob seinen Bruder um sein Erbteil bringt, hätte zwar ungefähr der Situation bei diesem unseligen Abendessen entsprochen, nicht jedoch den Konsequenzen, die Krueger – anders als der arme Esau und sein biblischer Berichterstatter – im stillen längst vollzogen hatte. Der Turmbau zu Babel führte zwar auf das Gebiet hybrider Architektur, war faktisch aber an ganz anderen Schwierigkeien gescheitert, als es Geibels Renovierungspläne für St. Lamberti tun würden, so sicher wie das *Amen* in dieser Kirche. Das Gleichnis vom verlorenen Sohn hätte sich nur unter erheblichen Verbiegungen auf Kurts Kurdenschicksal beziehen lassen, gleiches galt für den barmherzigen Samariter. Die beliebte Vertreibung der Wucherer und Schacherer aus dem Tempel sowie der Widerstand Jesu gegen die Versuchungen des Teufels luden zur Identifikation mit dem Heiland ein, was allerdings allzu leicht als Selbstüberhebung genommen werden konnte, zu der Krueger einerseits große Neigung hatte, der er sich andererseits jedoch bewußt genug war, um die ihr innewohnende Gefahr der Lächerlichwerdung zu erkennen und zu vermeiden.

Endlich, er war bereits beim Umkleiden in der Sakristei, dämmerte dem Propst zu seiner großen Erleichterung, daß auch der gewählte Text, der auf seinem eigenen Kommentar für die Weihnachtsausgabe des hiesigen Tagesanzeigers basierte und den er mit Jesu Forderung nach unbedingter Feindesliebe zu garnieren gedachte, zur Brandmarkung Geibels ausgezeichnet geeignet oder zumindest, angereichert mit ein paar gepfefferten biblischen Beleidigungen der Habsüchtigen und Wohlhabenden, für einen scharfen Abstecher in dessen Richtung gut war, falls es der arglistige Architekt – nach allem, was vorgefallen war – überhaupt wagen sollte, das Haus Gottes zu betreten.

Durch die angelehnte Tür konnte der Propst beobachten, wie sich der Kirchenraum immer mehr füllte, freie Sitzplätze gab es keine mehr, allein die reservierten Stühle direkt unter der Kanzel blieben noch unbesetzt.

Die beiden Damen waren sich während der Fahrt im Geibelschen Volvo nicht nähergekommen. Karin fühlte sich unbehaglich neben der Frau, deren Gatte sie so dringend um ein Treffen gebeten hatte, dessen verschwörerische, wenn nicht ehebrecherische Absicht schwer zu übersehen war, und Elisabeth war ebenso unwohl in Gegenwart dieser Frau, vor deren Gatten sich ihr Mann erniedrigt hatte und von der zudem eine Ausstrahlung auszugehen schien, die ihrem Empfinden nach *animalisch* genannt zu werden verdiente, da diese Sinnlichkeit, wie sie zugeben mußte, im Kern rein unschuldig war, von keiner Koketterie oder gröberer Provokation getrübt.

Die Kinder auf dem Rücksitz hüllten sich in unfrohes Schweigen, teils aus Enttäuschung über die Verschlossenheit des mit großen Erwartungen empfangenen Kurden Kurt, teils aus Ermattung durch die neuartigen Hintergedanken, die sich aus der Offenheit des Propstes ergeben hatten und zu zahlreich und verwickelt waren, um bis zu einem Ende verfolgt zu werden, das ihre aufgeweckte Neugier befriedigt hätte.

Um die allgemeine Anspannung zu lösen, sagte Elisabeth endlich: »Ich fürchte, keiner von uns wird diesen Weihnachtsabend als einen seiner gelungensten oder glücklichsten in Erinnerung behalten.«

»Wer weiß, zumindest war es einer meiner aufregendsten«, stellte Karin fest, »und noch ist er nicht vorbei.«

Elisabeth hatte mit einer solchen Einschätzung nicht gerechnet, doch da sie ihr Ziel erreicht hatte, fragte sie nicht weiter nach, sondern gab lediglich der Hoffnung Ausdruck, Kruegers Weihnachtspredigt werde alle Wogen glätten und für einen versöhnlichen Ausklang sorgen.

Als der Propst seine Gattin mit Frau Geibel und den beiden Kindern der vorgeschobenen Stuhlreihe zustreben sah, verzogen sich seine Mundwinkel steil abwärts angesichts der Goldverschnürung, die immer noch Karins Hüften schmückte, und verzogen sich sodann zu einem geringschätzigen Grinsen, Ausdruck der Verachtung, welche er für den Mangel an Courage empfand, den er dem Architekten unterstellte.

Und noch auf seinem Wege zum Altar, der bereits vom ersten weihnachtlichen Choral *Vom Himmel hoch, da komm ich her* untermalt wurde, war sein Kopf voller Gedanken, die dem Geist christlicher Nächsten-, gar Feindesliebe entschieden zuwiderliefen.

Dabei tat er Geibel unrecht: Dessen Abwesenheit resultierte nämlich weder aus Scham noch aus Furcht, sondern war lediglich einem gewissen Defizit an Pferdestärken zuzuschreiben.

Auf dem Sozius von Kurts alter Vespa, die so viel Gewicht nur unter Aufbietung letzter Kraftreserven, was sich in heiserem Knattern und tiefem Röhren ausdrückte, zu befördern imstande war, dirigierte er seinen Chauffeur, der ebenfalls darauf bestanden hatte, an Kruegers Mitternachtsmesse teilzunehmen – woraus sich die Notwendigkeit zweier Fahrgemeinschaften erst ergeben hatte –, durch die verlassenen Gassen der Stadt dem Lambertimarkt zu.

Der Gegenwind hatte Albert ernüchtert, und während sie die stillerleuchteten Häuser Krahls passierten, wurde ihm mit deprimierender Deutlichkeit klar, daß er den größten Fehler seines Lebens begangen hatte: Es war dumm gewesen, Kruegers Entscheidung hinsichtlich des kirchlichen Bauvorhabens so forcieren zu wollen, es war noch dümmer zu glauben, ausgerechnet über dessen Frau diesen Einfluß nehmen zu können, ja, diese ganze Einladung war eine Idiotie, und dann noch dieser komische Kurde …

Und ebenso lückenlos wie diese Fehlerkette zeichnete sich auf Alberts geistigem Monitor Punkt für Punkt ein Lebensplan ab, an dessen Ende eine Hoffnung schimmerte, die im Lichte seiner neuen Erkenntnisse als Monument der ehernen Notwendigkeit sich enthüllte: Er mußte weg aus Krahl, nichts wie weg – jemals hierhergekommen zu sein, das war der allergrößte Fehler seiner Karriere gewesen, dies stand nun fest.

Doch zuvor war noch eines zu erledigen:

»Jetzt nach rechts abbiegen«, befahl Albert und verstärkte seinen Druck auf die entsprechende Seite von Kurts rippigem Oberkörper, den er umklammert hielt, »die nächste rechts!«

Kurt gehorchte, und der Motorroller schwenkte in die Gerichtsstraße ein, die am Schloßgarten entlang zum Ziel führte. Die großen wilhelminischen Backsteinbauten lagen im Dunkeln, nur die Mauern des Untersuchungsgefängnisses wurden von Neonlampen angestrahlt, deren kaltes Licht sich auf dem schwarzen Eis des Wallgrabens spiegelte. Die alten Bäume überragte schon der neugotische Turm von St. Lamberti, die große Glocke schwieg bereits.

Albert lotste Kurt vorbei am Hauptportal, aus dem *Macht hoch die Tür* erscholl, während der Herr der Herrlichkeit seine Kanzel erklomm, in den düsteren Hof hinter der Sakristei und ließ ihn seine Vespa neben der schweren Eichenpforte an einen rundgemauerten Pfeiler lehnen.

Er hob den Zeigefinger und sprach: »Du wartest hier.«

Kurt wagte Widerspruch: »Kurt geht zu Karin.«

Albert lächelte sanft und schüttelte den Kopf. »Nicht doch. Karin kommt zu Kurt, klar!?«

Kurt lächelte nicht, nickte aber zustimmend.

»Hast du verstanden, Kurt?« Erneutes Nicken. »Du, Kurt, wartest hier – ich, Albert, gehe sie, Karin, holen.« Nachdrückliches Nicken. »Jetzt.«

Und Albert ging zum Seiteneingang und betrat die Kirche.

»Weihnachten«, begann der Propst gerade programmgemäß seine Predigt, voller Vorfreude darauf, einer Gemeinde von Materialisten, von denen er aus Erfahrung wußte, wie sie nach geistlicher Läuterung ihrer schnöden Begehrlichkeit dürsteten und nach einer Sinn- und Formgebung für ihre ephemere Banalität schmachteten, gleich die Leviten lesen zu dürfen, »Weihnachten ist das Fest der Liebe. Das kommt uns so leicht über die Lippen – doch soll dieser Satz nicht bloßes Lippenbekenntnis bleiben, müssen wir uns auch fragen: Welche Art der Liebe ist hier wohl gemeint?« Krueger zog ein sanfteres Register und fuhr im Plauderton fort: »Gewiß denken wir dabei zunächst an unsere Nächsten, an unseren engsten Kreis, unsere Familie, deren Mitgliedern wir unsere Zuneigung beweisen, indem wir ihnen ihre Wünsche erfüllen in Form von Geschenken, die wir unter den Christbaum legen. Dieser Brauch ist alt und schön«, räumte der Propst gönnerhaft ein, um sogleich einen härteren Ton anzuschlagen: »Aber das Leben ist kein Wunschkonzert! Denn wenn ihr nur liebt, die euch lieben, was für ein Verdienst habt ihr da? So fragt uns Jesus: Was kann ein Mensch bieten als Tauschwert für seine Seele? Und so frage ich euch: Was hat der Austausch von Geschenken mit der Liebe zu tun, die Jesus von uns erwartet? Und ich sage euch: Wenig ... verdammt wenig!« fügte er hinzu, um seinen Ausführungen einen provozierend spontanen Auftakt zu verschaffen, eine Dissonanz vor dem großen, zentralen Thema.

»Liebet eure Feinde! Das ist es, was Jesus von uns verlangt. Und betet für eure Verfolger! Welch scheinbares Paradox, das in der Bergpredigt seine Auflösung erfährt, denn da preist Jesus: Selig, die Verfolgung leiden, um der Gerechtigkeit willen, ihnen gehört das Himmelreich!« Und bedrohlich wie Moses die Tafeln des Gesetzes hielt Krueger die Zeitungsdoppelseite hoch, von der er weiter zitieren wollte, als sein Blick auf Albert fiel, der immer noch im Seitenschiff verharrte, von wo aus er nach Karin Ausschau hielt.

Krueger improvisierte: »Und da genügt es nicht, sich einmal im Jahr – natürlich zu Weihnachten! – dieser Verpflichtung zu erinnern und einem dieser Verfolgten eine kleine Aufmerksamkeit zukommen zu lassen, eine milde Gabe, ein Almosen, ihn etwa am Heiligabend zu sich nach Hause einzuladen, um ihn dort an Genüssen teilhaben zu lassen, die der arme Fremde für den Rest des Jahres wieder wird entbehren müssen ... Nein, das reicht nicht! Ihr schafft euch keine Freunde mit dem ungerechten Mammon ...«

Albert hatte Karin endlich entdeckt, und während er sich noch fragte, wie er ihre Aufmerksamkeit auf sich ziehen könnte, schaute sie sich auch schon nach ihm um, denn wie die meisten gefühlsverwirrten Menschen besaß sie einen Sinn für Blicke, selbst wenn die auf ihren Hinterkopf gerichtet waren. Albert nickte ihr zu und machte mit dem Daumen auffällige Zeichen in Richtung Sakristei. Karin wandte ihren Kopf schnell wieder ab und schaute bänglich hinauf zur Kanzel, wo ihr Gatte weiterwütete gegen den reichen Mann.

»Wem viel gegeben ist, von dem wird auch viel gefordert werden, so steht es im Lukas-Evangelium ...« Krueger war selbst erstaunt, daß dies Zitat noch weiterging: »... und wem viel anvertraut ist, von dem wird um so mehr verlangt werden. Und ist es wohl zuviel verlangt, wenn ich verlange ...« Da Krueger selbst noch nicht wußte, was er eigentlich verlangen wollte oder konnte, unterbrach er sich selbst und schaute recht finster in die stille Runde ... Was machte dieser Geibel da? Winkte er ihm etwa zu!? Wie konnte er es wagen ...

»Ein böses und ehebrecherisches Geschlecht verlangt ein Zeichen! So spricht der Evangelist Matthäus ...« Aber warum spreche ich ihm das nach, fragte sich Krueger und fuhr wie zwanghaft mit Matthäus fort: »Wer ein Weib auch nur ansieht mit begehrlichem Blick, hat schon Ehebruch begangen in seinem Herzen ... Das gilt natürlich auch umgekehrt, für Ehefrauen ...« Vor seinen eigenen Worten zurückschreckend spähte der Propst kurz über den Rand der Kanzel: Karins Platz war leer! Was hatte nun das zu bedeuten? Das 6. Kapitel des Johannes kam Krueger in den Sinn und über die Lippen: »Von da an zogen sich viele Seiner Jünger zurück und wandelten nicht mehr mit Ihm. Da sprach nun Jesus zu den zwölf: Wollt etwa auch ihr fortgehen?« Nein, Geibel blieb und starrte ihn unverfroren an aus dem Hintergrund. »Ihr könnt nicht Gott dienen *und* dem Mammon!« betonte der Propst. »Denn was viel gilt vor den Menschen, ist ein Greuel – vor Gott!« Da der Architekt unbeeindruckt schien von seiner Tirade, ließ sich der Propst zu unerlaubten Identifikationen hinreißen: »Doch jeder, der diese meine Worte hört und nicht befolgt, gleicht einem törichten Manne, der sein Haus auf Band gesaut … beziehungsweise: auf Sand gebaut natürlich!« Der Versprecher erboste den Propst noch mehr: »Und durchpeitschen läßt er ihn und ihm seinen Platz anweisen unter den Heuchlern!« Geibel schien sich auf seinem Platz weiter wohl zu fühlen … Na warte, Bürschchen! Die Bibel enthielt noch genug Munition … »Gebt acht und hütet euch vor der Habsucht, denn schwelgte einer im Überfluß …« Wieso grinste dieser Geibel auch noch so unverschämt? War der etwa immer noch betrunken? »Hütet euch, daß eure Herzen nicht schlaff werden in Rausch und Trunkenheit …« Das sollte gesessen haben – etwas ruhiger legte der Bußprediger nach: »Wie schwer haben es doch die Besitzenden, ins Reich Gottes zu gelangen: Eher geht ein Kamel durch ein Nadelöhr …« Mit halbem Auge nahm Krueger wahr, daß Geibel hinter einem Pfeiler verschwand, und verlor wieder seinen Faden. »… und da wir gerade von Kamelen reden … Ihr seihet die Mücke und verschluckt das Kamel – welches Kamel, werden Sie nun fragen, und welche Mücke? Und ich kann Ihnen sagen: Sammelt euch keine Schätze auf Erden, die Motten und Würmer zerfressen! Im Gegenteil: So seid denn klug wie die Schlangen und arglos wie die Tauben …« Der Propst fühlte selbst ein taubes Schlingern im Kopf. »Kann wohl ein Blinder einem Blinden den Weg weisen?« fragte er bedeutungsschwanger, und bedrohlich zitierte er weiter: »Werden sie nicht in die Grube stürzen, alle beide?!«

Karin trat aus der Sakristei in die Dunkelheit hinaus und erkannte zunächst nicht, wer sie dort erwartete.

Doch dann sprach der Fremde: »Karin, Kurt dich liebt!« Und ihr wurde einiges klar. Als nun der Kurde versuchte, ihr die Hände auf die Hüften zu legen, fiel ihr erst auf, daß sie vergessen hatte, ihre goldenen Schleifen abzulegen. Er zog daran, als wolle er ihren Körper auswickeln wie ein Geschenk. Sie packte seine beiden Handgelenke – wie mager sie waren, wie zerbrechlich …

»Nicht!« sagte sie. »Um Gottes willen, bitte nicht!«

»… Gottes Wille geschehe, wie im Himmel also auch auf Erden …« Der Propst plapperte inzwischen Bibelstellen mechanisch vor sich hin: Wie eine Gebetsmühle zermahlte er die Zitate, ohne noch die Spreu vom Weizen trennen zu können. »Das Himmelreich ist einem Sauerteige gleich, den eine Frau nahm …« Welche Frau? Welche Sau? »Urteilt nicht nach dem Schein, sondern urteilt, wie es recht und billig ist …« War seine Karin etwa ein billiges Flittchen, Hurenlohn für den Hurensohn? »Nein, vergeben sind ihr ihre Sünden, denn sie hat viel Liebe gezeigt … Kann denn Liebe Sünde sein?« Das stand aber nicht mehr in der Bibel, oder? Dafür das: »Der Wind weht, wo er will; du hörst sein Brausen, aber du weißt nicht, woher er kommt und wohin er weht …« Wohin sollte das führen? Woher sollte er das wissen? »Näher, mein Gott, zu Dir … oder zu mir?« Ja, woher kommen wir und wohin gehen wir – zu dir oder zu mir? Und wozu überhaupt? »Jeder, der eine Sünde tut, ist ein Knecht der Sünde!« Wirklich jeder? »Wer von euch ohne Sünde ist, der sollte nicht mit Steinen werfen! Die Kirche kann kein Glashaus sein, und der Herr ist mein Kurde! … Sein Stecken und Stab trösten sie! Das ist so sicher wie Abrahams Wurzel hart!« Dem Propst wurde heiß vor Scham und Wut. Er mußte Zeit gewinnen, Klarheit, Wahrheit … »Denn wie sagte doch Matthäus …« Ja, wie sagte Matthäus? »Wie, sagte Matthäus, auch wir vergeben unsern Schuldigern … denn nichts ist verhüllt, was nicht enthüllt, und nichts ist verborgen, was nicht offenbar wird …«

Karin hatte sich endlich selbst der beiden hinderlichen Schleifen entledigt und die Reißverschlüsse geöffnet, die darunter verborgen waren, so daß Kurt nun Zugriff hatte und sie seine kalten knochigen Finger nach ihrem Rückgrat tasten fühlte. Kurt war kleiner als sie, und als er sie küssen wollte, mußte sie sich zurück gegen den rauhen Stein des Stützpfeilers lehnen, an dem sie sich knieweich heruntergleiten ließ, was ihren Rocksaum in die Gegenrichtung schob, immer weiter an ihren Oberschenkeln aufwärts.

»Ihr sollt einander lieben, wie ich euch geliebt habe, so spricht der Herr …«, und zwar der Herr Krueger, der inzwischen wieder bei seinem Thema war, Johannes, Kapitel 15: »Dies ist es, was ich euch gebiete: Ihr sollt einander lieben …« Doch wen hatte Jesus damit gemeint? Etwa Karin, das Aas? »Wo ein Aas liegt, da sammeln sich die Geier!« Und die Geibel! Der Propst bemühte sich, seine nächsten Worte wie Hammerschläge klingen zu lassen, um damit den letzten Nagel in den Sarg seines Feindes zu treiben: »Den unnützen Knecht aber werfet hinaus in die Finsternis draußen! Dort wird sein Heulen und Zähneknirschen!«

Dem Propst kamen selbst die Tränen, und er knirschte mit den Zähnen, wenn er daran dachte, was draußen in der Finsternis getrieben werden mochte … »Und die beiden wurden *ein* Fleisch … nein, nicht die fleischliche Liebe hat der Herr gemeint … der Geist ist es, der das Leben schafft. Das Fleisch taugt nichts! So steht es bei Markus *und* Matthäus!« Aber stimmte das denn auch? Das Fleisch … Andere Worte rauschten dem Propst durch den Kopf und zum Munde hinaus: »Es geht hier nicht um seelenlose Sexualtechnik«, sprach es aus ihm, »oder gar bloße Matratzenartistik …« O Gott, wo hatte er das bloß gelesen – bei Lukas jedenfalls nicht, da stand: »In jener Nacht werden zwei auf einem Bette liegen, der eine wird aufgenommen …« Aber das klang ja auch irgendwie unrein! »Doch wie sagte Markus?« Ja, wie? Oder was? »Was von außen in den Menschen hineingeht, kann ihn nicht unrein machen …« Rein oder nicht rein, ja, das war hier die Frage – doch statt einer Antwort fuhren immer neue Bilder von zwei Menschen in fleischfarbenen Trikots blitzartig durch den roten Kopf des Propstes und entzündeten sein überhitztes Hirn.

Die Stellung, in der Karin und Kurt schwer schnaufend angekommen waren, stand in keinem Lehrbuch, denn die Not macht selbst Liebende erfinderisch, und die Lust treibt sie zu strapaziösen Höchstleistungen. Dennoch blieb Karin noch die Luft zu hauchen: »Kurt, ich liebe dich.«

»Ja, Weihnachten ist das Fest der Liebe!« Der Propst hatte sich in seiner Verzweiflung wieder an den Anfang seiner Predigt erinnert und entschlossen, den Teufelskreis zu durchbrechen, indem er an dessen Ausgangspunkt zurückkehrte: »Weihnachten ist auch ein Fest der Freude. Und der Herr der Liebe ist uns heute geboren, und diese seine Kirche ist ein Freudenhaus. Amen.«

In die Stille, von der nicht zu sagen war, ob sie sich Andacht oder Betretenheit verdankte, erklang ein dreckiges Lachen, und Krueger erkannte dies Lachen und dessen Urheber mit einer Erleichterung, die jedoch sogleich zu Ingrimm ward.

»Geibel!« rief der Propst in seiner Not – und da ihm nichts Passenderes einfiel, als seinen Aussetzer als Versprecher zu tarnen, fügte er rasch hinzu: »Pfui Deibel!«

Und als Albert, der längst neben Elisabeth und seinen Kindern Karins freien Platz eingenommen hatte, nicht aufhören konnte oder wollte, und da sein Lachen ansteckend wirkte, zunächst auf Jenny und auf Clausi, dann auf andere Kinder und Kindsköpfe, bis es schließlich größere Teile der Gemeinde mit erfaßt hatte und den stillen, heiligen Raum in ein Gewölbe des Teufels zu verwandeln drohte, setzte der Propst, der fühlte, wie sein Fleisch schwach und schwächer wurde, mit letzter Kraft ihm seinen Fluch entgegen: »Ich weiß jetzt, wo die Spötter sitzen! Gnade ihnen Gott ...«

Mit diesen Worten schlingerte der mächtige Mann halb ohnmächtig hinab von seiner Kanzel, schwankte, ohne sich umzuschauen, am Altar vorbei, durchtorkelte nach Atem ringend seine Sakristei und trat, verfolgt von Gelächter und dünn einsetzendem Chorgesang hinaus ins Freie. Er sog die frische Nachtluft ein, den Kopf im Nacken, und schaute hilfeheischend himmelwärts, wo aber nur ein Stern vom dunklen Firmament sein Elend schwach erleuchtete.

Es ist ein Ros entsprungen, jubilierte jetzt, vom geistesgegenwärtigen Organisten angetrieben, drinnen die ganze Gemeinde.

»Mein Gott«, stammelte Krueger und senkte, ohne eine Antwort abzuwarten, niedergeschlagen seinen stumpfen Blick. Da lagen, links und rechts von einem Pfeiler, zwei goldne Schleifen, wie die Flügel eines Engels, der gefallen war und längst auf und davon.

Epilog

Heute darf Propst Krueger im neuen Frauensender EVA jeden Vormittag seine eigene Talkshow moderieren, die sich mit einer gewissen Vorliebe der psychischen und physischen Probleme von ihren Partnern vernachlässigter oder verlassener Personen annimmt.

Albert Geibel lebt mit seiner Familie inzwischen in Ft. Lauderdale und arbeitet als Angestellter in einem Architekturbüro, das sich auf den Entwurf floridianischer Ferienhäuser im toskanischen Freistil spezialisiert hat.

Der ehemalige Kurde Kurt aber betreibt seit ein paar Jahren ein gutgehendes Blumengeschäft in Krahl, das übrigens nach seiner Frau benannt ist:

KARINS KLEINER GARTEN

HANNS CHRISTIAN MÜLLER
& GERHARD POLT

Nikolausi

SOHN Nikolausi …

VATER Hehehe, der Kleine, hehe, nein, das ist nicht Nikolausi, das ist Osterhasi, hehehe hehe.

SOHN Nikolausi …

VATER Hehehe, nein, das ist nicht Nikolausi, weißt du, jetzt ist ja Frühling. Es ist ja jetzt nicht mehr Winter, hehehehe.

SOHN Nikolausi …

VATER He, nein, he, das ist Osterhasi, weißt du, Osterhasi mit den Ohrli, hehehe, der bringt Gaggi für das Bubele, hehehehe, jaja.

SOHN Nikolausi …

VATER He, nein, also nein, nein, weißt du, das handelt sich hier nicht um, äh, um, um Nikolausi, das ist Osterhasi, net, das ist ein Osterhasi, kein Nikolausi, gell?

SOHN Nikolausi …

VATER Ja also, nein, jetzt hör doch mal zu, net, wenn ichs dir scho sag, das ist, es handelt sich hier nicht um ein Nikolausi, sondern um ein Osterhasi, net. Jetzt sieh das doch mal endlich ein.

SOHN Nikolausi …

VATER Ja also, ja Rotzbub frecher, ja wie soll ichs dir denn noch erklären, also so was nein, gleich schmier ich dir eine, net.

SOHN Nikolausi …

VATER Ja Herrschaftseitenmalefitz, jetzt widerspricht

er ständig, net. Jetzt jetzt hör doch amal zu, wenn ich schon sag, äh äh Nik … äh O … ähäh, das ist Osterhasi, net …

SOHN Nikolausi …

VATER Na, das ist kein Nikolausi, net, jetzt, also, wenn einer mal sich in einen Gedanken förmlich hineinverrennt, dann ist er ja wie vernagelt, net.

SOHN Nikolausi …

VATER *schreit* Ja, also so, ja also du Rotzbub, net, das ist ein Osterhasi, das ist kein Nikolausi, Osterhasi, verstanden, Osterhasi …

SOHN Nikolausi …

DR. JOHN H. WATSON

Der lachende Droschkenkutscher

Ediert von STEPHEN FRY

Das Jahr 18.. sah meinen Freund Sherlock Holmes auf der Höhe seiner beträchtlichen Kräfte. Beim Durchblättern der Aufzeichnungen jenes Jahres zieht eine Reihe von Fällen meine Aufmerksamkeit auf sich; die einen bestürzend, die anderen makaber, wieder andere auf den ersten Blick gewöhnlich, allesamt Beweise für Holmes' ungewöhnliche Deduktionsgabe. Die Affaire des gestrandeten Ara, für deren Aufklärung er den Orden der Silbernen Myrte aus den Händen Seiner Majestät des Königs Miroslaw höchstpersönlich empfing, bietet mehrere absonderliche Einzelheiten von Interesse, berührt jedoch in ihren delikateren Details zu viele Persönlichkeiten des öffentlichen Lebens, als daß ich befugt sein könnte, sie hier wiederzugeben. Die Geschichte des pünktlichen Bahnbeamten ist, obwohl sie einer von Holmes' Lieblingstriumphen bleibt, vielleicht gar zu technischer Natur, um die breitere Leserschaft fesseln zu können. Den Fall der Blutbuchen habe ich andernorts aufgezeichnet, und die Geschichte von dem hornblasenden Schulleiter und dem Zaumzeug ist, obgleich sie wie vielleicht keine andere die außerordentliche Akribie und Geduld erkennen läßt, welche die Methoden meines Freundes charakterisierten, außerhalb von Fachzeitschriften deplaciert.

Ganz am Ende jenes Jahres jedoch, da es uns bereits

so vorkam, als wolle sich London den Winter über der Sensationen begeben und sei damit zufrieden, sich behaglich auf die Festtage vorzubereiten, ohne eine jener outrierten Hysterien aufzuwerfen, die Sherlock Holmes wie Luft zum Atmen brauchte, da explodierte über uns ein Fall, der ihn aus der Trägheit und Melancholie riß, denen dieser großartige Geist zum Opfer fiel, wenn es nichts zu seiner Beschäftigung gab, und warf uns in ein so außergewöhnliches Abenteuer, daß es den uns bekannten in nichts nachstand. Trotz seiner oft wiederholten Versicherung, dieses Problem habe seine Verstandeskräfte nur in geringstem Maße auf die Probe gestellt, kann es keinen Zweifel daran geben, daß seine Lösung Holmes die reichste Belohnung zuteil werden ließ, die er im Laufe einer ruhmreichen Karriere je sich erworben hat.

Ich erinnere mich, daß ich eines Abends Mitte Dezember mit der Aufgabe beschäftigt war, unser Junggesellenlogis mit einigen zur Jahreszeit passenden Ilex- und Mistelzweigen zu schmücken, und unterdes bissige Kommentare meines Freundes zu ertragen hatte.

»Also wirklich, Watson«, sagte er, »ist es nicht genug, daß Mrs. Hudson alle paar Stunden mit unermüdlich guter Laune und Pasteten beladen hier hereinplatzt? Müssen wir uns auch noch herausputzen wie einen heidnischen Tempel?«

»Ich muß schon sagen, Holmes«, erwiderte ich mit einiger Schärfe, denn die Anstrengung, auf einem Stuhl zu stehen und nach der Bildleiste zu greifen, forderte ihren Zoll von der alten Jezail-Kugelwunde, »ich finde das ungewohnt mißgünstig von Ihnen! Einst bedeutete Weihnachten etwas, wenn ich mich recht entsinne. Haben Sie denn den blauen Karfunkel vergessen? *Das* Abenteuer sah Sie von so julfestlicher Milde wie jeden anderen.«

»Watson, Sie vermengen die tatsächlichen Begebenheiten jener Affaire mit der überreich ausgeschmückten Version, die Sie einer leichtgläubigen Öffentlichkeit vorzusetzen beliebten. Fangen Sie doch bitte nicht an, Ihren eigenen Erfindungen Glauben zu schenken. Soweit ich mich erinnere, bedurfte der Fall besonnener Analyse.«

»Wirklich, Holmes«, rief ich aus. »Sie sind höchst ungerecht!«

»Vergeben Sie mir, Watson. Aber all dieser infernalische *Stumpfsinn!* Ein wucherndes Geschwür überschwenglich guter Laune scheint zu dieser Jahreszeit jedermann zu infizieren, einschließlich der hartherzigsten Schulte, denen so wenig zuzutrauen ist, Geld zu verschenken, wie es zu entwenden. Hier haben wir die ›Evening News‹. Welche abscheulichen Morde oder gewagten Diebstähle können hier auf unser Interesse rechnen? Eine Entgleisung bei Lewisham fordert eine Verletzte, jemand hat eine Statue am Charing Cross gestohlen, in Hoxton ist ein Pferd durchgegangen. Ich verzweifle, Watson. Ich wünschte, diese widerliche Zeit guten Willens und Friedens fände ein Ende, so wahr ich hier stehe.«

»Holmes, ich werde diesen Angriff auf das Weihnachtsfest nicht zulassen! Sie wissen ganz genau, daß ...«

Aber meine Zurechtweisung wurde vom schrillen Klingeln der Glocke im Parterre unterbrochen.

»Ah«, sagte Holmes, »Ihre Moralpredigt bleibt mir erspart. Vielleicht hat sich jemand in der Hausnummer geirrt, vielleicht ist es auch ein Klient. Solch ausgefallenes Glockenspiel bekundet in jedem Fall Dringlichkeit. Nun, Billy?«

Unser rechtschaffener Hausbursche hatte das Zimmer betreten, aber bevor er Zeit fand, eine förmliche Anmeldung vorzubringen, brach wie ein Wirbelsturm der erregteste Mann herein, den ich wohl je erblickt habe.

»Mr. Sherlock Holmes? Wer von Ihnen ist Mr. Holmes?« keuchte die unglückliche Kreatur und sah wild zwischen uns beiden hin und her.

»Ich bin es«, sagte Holmes, »und das ist mein Freund, Dr. Watson. Falls Sie sich zu setzen geruhen, wird er Ihnen ein Glas Brandy bringen.«

»Danke, ein kleiner Brandy, ja, gut. Das wäre äußerst … wirklich, Mr. Holmes, vergeben Sie mir, ich neige sonst nicht … danke, sehr aufmerksam, kein Soda bitte! Lassen Sie mich Atem holen … herrliche Zimmer, äußerst behaglich. Entzückende Stechpalme … so festlich. Glückwunsch. Ah! Schon besser, ich bin Ihnen zu Dank verpflichtet, Herr Doktor.«

Trotz der mitleiderregenden Trübsal des Mannes konnte ich mir ein Lächeln ob dieses zwitschernden und belanglosen Monologs nicht verkneifen. Ich hatte erlebt, wie bei Verwundeten der physische Schmerz derlei Geschwätzigkeit und Delirium herbeiführen kann, und wußte, daß dies auch ein gewöhnliches Merkmal seelischer Unruhe ist.

Sherlock Holmes saß in seinen Lehnsessel versunken, legte die Fingerspitzen aneinander und ließ sein kundiges Auge über den außergewöhnlichen Gentleman ihm gegenüber gleiten. Unser Besucher trug modische Abendgarderobe, aber ich konnte ihn mir nicht recht auf gesellschaftlichem Parkett vorstellen. Wohlstand glänzte in seinem seiden schimmernden Hemd und den handgefertigten Stiefeln, auch wenn auf diesen frische Schlammspuren zu erkennen waren, aber in seinen durchdringenden blauen Augen funkelte eine zu lebhafte Intelligenz, um anzunehmen, er gebrauche etwas anderes als seinen Verstand zum Broterwerb. Sein schmales Gesicht schien in den seltenen Augenblicken der Entspannung einen melancholischen Ausdruck zu tragen, wenn es sich aber belebte, zitterten seine Züge geradezu vor Erregung, ein drahtiger Bart wedelte und zuckte im Takt seiner Rede, und die wilden, zerfahrenen Locken auf seinem Haupte wurden wie im Sturm hin und her geschleudert.

»Ein ausgezeichneter Brandy ... oje, oje, oje. Was soll ich bloß *tun,* Mr. Holmes?«

»Nun, sobald Sie wieder bei Atem sind, sollten Sie uns am besten Ihr Problem darlegen«, sagte Holmes. »An einem Abend wie diesem die ganze Strecke mindestens von Gray's Inn bis zur Baker Street zurückgelegt zu haben, würde jedermann über Gebühr beanspruchen.«

Unser Besucher zuckte sichtbar zusammen. »Aber wie um alles in der Welt? Ojemine, das ist ja wirklich kolossal! Ich bin in der Tat die ganze Strecke von Gray's Inn hergelaufen, doch wie Sie das wissen können, ist mir unerklärlich.«

»Mein lieber Herr, das liegt doch auf der Hand. Daß Sie gelaufen sind, könnte allein infolge Ihrer Atemlosigkeit jedes Kind sagen. Die Spritzspuren auf Ihren Stiefelspitzen können auf keine andere Weise entstanden sein.«

»Nun«, gluckste der andere, einen Augenblick lang abgelenkt vom eigentlichen Grund seiner Unruhe, »das sehe ich, aber wie, zum Kuckuck, können Sie Grays Inn von meinem Äußeren ablesen?«

»Ich bin heute morgen dort gewesen«, erwiderte Holmes. »Das eiserne Gitter, welches die Nordseite vom Trottoir abgrenzt, wird gerade frisch gestrichen. Die Pfähle selbst werden schwarz gestrichen, die Spitzen indes vergoldet, und in Ihrer Eile sind Sie mit dem linken Arm über die nasse Farbe gestrichen. Sehen Sie, auf Ihrem Ärmel, Schwarz mit einem Klecks Gold gekrönt. Es ist wohl möglich, daß heute irgendwo in London ein weiteres Geländer auf dieselbe Weise gestrichen worden ist, doch ist dies höchst unwahrscheinlich.«

»Bemerkenswert, bemerkenswert. Ein erstklassiges Spiel! Und sonst, Sir? Und sonst?«

»Ich fürchte, darüber hinaus ist wenig zu sagen.«

»Oh, ich habe schließlich soeben meine Abendgarderobe angelegt. Das überdeckt alle weiteren Anhaltspunkte, kann ich mir vorstellen.«

»Abgesehen von den offenkundigen Tatsachen, daß Sie Schriftsteller sind, daß Sie in Ihrer Kindheit Entbehrungen erlitten haben, daß Sie Ihr Geld nicht mehr ganz so leicht verdienen wie früher und daß Sie eine Schwäche für Zaubertricks haben, ist gewißlich sehr wenig zu erkennen.«

Unser Besucher fuhr hoch. »Sie kennen mich also! Mir einen solchen Streich zu spielen, Sir, meiner Treu! Das ist Ihrer unwürdig.«

»Behalten Sie Platz, ich bitte Sie«, sagte Holmes, »ich bin Ihnen noch nie begegnet. Wenn ich einen Mann mit einer so deutlichen Vertiefung an der Innenseite seines Mittelfingers sehe, ist doch unschwer anzunehmen, daß er Schriftsteller ist.«

»Ein Buchhalter! Ich könnte in einer Kanzlei arbeiten!«

»In Stiefeln von Lobb? Ich glaube kaum.«

»Hm, und die Entbehrungen?«

»Ihr Gesicht ist über Ihre Jahre hinaus durchfurcht,

aber nicht, wie ich sehe, von der Kümmernis, die Sie herführt; die ist zu frisch, um sich schon in Ihrer Stirn eingeschrieben haben zu können. Ich kenne derlei Zeichen nur von jenen, die im Wissen um Elend und Mangel aufwuchsen.«

»Nur zu wahr, Mr. Holmes – aber das Geld, die Zauberkunststücke?«

»Diese eleganten Stiefel, dünkt mich, wurden vor etwa drei oder vier Jahren angefertigt. Ihr exzellent geschnittener Mantel stammt ebenfalls aus dieser Zeit. Der plötzlich erblühende Wohlstand, von dem ihr Erwerb zeugt, ist also ein wenig in die Vergangenheit entschwunden. Was das Zaubern angeht, so ist Ihnen, Watson, gewiß der kleine fleischfarbene Metallkegel aufgefallen, der ein Stück aus der Westentasche unseres Besuchers hervorragt? Man nennt dies eine Daumenkappe: ein unerläßlicher Bestandteil der Ausrüstung eines jeden Magiers.«

»Bravo, Mr. Holmes!« rief unser Gast und spendete kraftvoll Beifall. »Bravo, mein Bester!«

»Ein roher Test.«

»Und ein gesundes neues Jahr, mein lieber Sir. Ein roher Test und ein gesundes neues Jahr! Oje«, sagte er und seine Lebensgeister schwanden wieder. »Sie lenken mich richtig ab vom Zweck dieses Besuches. Welch eine Kalamität, Mr. Holmes. Welch fürchterliche Kalamität. Ich bin ganz außer mir!«

»Ich bin ganz Ohr, Mr. …?«

»Oh! Mein Name? Ja. Äh, Bosney, Culliford Bosney, Romancier. Sie haben vielleicht von mir gehört?« Erwartungsvoll überflog er unsere Bücherregale.

»Ich fürchte, Mr. Bosney, daß ich, von wenigen Ausnahmen abgesehen, nicht viel Zeit für Romane habe. Für die Literatur ist Dr. Watson zuständig.«

Culliford Bosney richtete seinen lebhaften Blick auf mich. »Ach ja, Dr. Watson – natürlich. Ich habe Ihre Werke mit großem Interesse gelesen. Ich bitte Sie, nehmen Sie die Komplimente eines Kollegen der schreibenden Zunft entgegen.«

»Danke sehr«, sagte ich, »ich fürchte, Mr. Holmes teilt Ihre wohlwollende Einschätzung meiner Bemühungen nicht.«

»Unsinn, Watson! Als exotische Romanzen sind sie eine Klasse für sich«, versetzte Holmes und stopfte seine Bruyère-Pfeife.

»Sehen Sie, wogegen ich mich zu behaupten habe, Mr. Bosney?« sagte ich mit bedauernder Miene.

»Ach, Dr. Watson!« antwortete er und kehrte auf bemitleidenswerte Weise zu seinem früheren Weh zurück. »Sie werden mein Elend verstehen, wenn ich Ihnen sage, daß es verloren ist! Es ist verloren, und ich bin mit meinem Latein am Ende!«

»Was ist verloren?« fragte ich bestürzt.

»Das Manuskript natürlich! Es ist verloren, und ich bin sicher, daß ich vor lauter Sorgen deswegen den Verstand verlieren werde.«

»Ich denke«, sagte Holmes und lehnte sich in seinem Sessel zurück. »Sie sollten uns besser mit allen Fakten Ihrer Erzählung vertraut machen, Mr. Bosney.«

»Natürlich, Mr. Holmes. Ohne das Geringste auszulassen, so trivial es auch scheinen mag, ja?«

»Ganz recht.«

»Nun, Sie müssen wissen, daß ich mich seit jetzt über sechs Wochen mit dem Manuskript einer Geschichte geplagt habe. Heute sollte ich sie bei meinem Verleger abliefern – er muß sie unbedingt innerhalb der nächsten Woche veröffentlichen, sehen Sie, denn sie hat ein weihnachtliches Thema. Ich setze große

Hoffnungen in diese Geschichte, Mr. Holmes. Ich will Ihnen nichts verheimlichen, mein letzter Roman ist gar nicht gut angekommen, und ich habe mir große Mühe gegeben, etwas zu schreiben, das diese Scharte wieder auswetzt und das Wohlwollen der lesenden Öffentlickeit wiederherstellt. Ich komme mit meinem Verlag seit einiger Zeit nicht besonders gut aus und hoffe, daß mir diese neue Arbeit über die Tantiemen genug einbringen wird, um ihn zu verlassen und bei einer mir genehmeren Adresse unterkommen zu können.«

»Ist ihnen diese Absicht bekannt?« fragte Holmes.

»Nein, Mr. Holmes, ich glaube nicht. Ich hege jedoch große Hoffnungen, was diese Geschichte angeht. *Hegte* große Hoffnungen, denn ich bin sicher, daß ich sie nie wiedersehen werde!« Der gequälte Romancier sprang mit einer Geste der Verzweiflung aus seinem Sessel. »Mr. Holmes, es hat keinen Sinn. Wie soll man auch eine Nadel im Heuhaufen finden?«

»Mit einem Magneten, der stark genug ist, Mr. Bosney, ist das eine elementare Aufgabe. Versetzen Sie mich in den Besitz der erforderlichen Fakten, und wer weiß, ob wir nicht genau so einen Magneten finden können.«

»Ja, ja. Ich muß Sie um Verzeihung bitten, Gentlemen, aber ich bin in den letzten Stunden auf die Probe gestellt worden, auf eine harte Probe. Also denn, heute nachmittag um halb fünf hatte ich die Geschichte ein letztes Mal durchgelesen und überzeugte mich davon, daß sie druckfertig war. Statt das Manuskript von einem Boten abholen zu lassen, wollte ich es auf meinem Weg ins Theater lieber selbst vorbeibringen. Außerdem wollte ich noch einige letzte Anweisungen für den Druck geben. Mir schwebte eine großzügige Ausstattung des Buches vor, in Gold und Rot. Ich dachte, das wäre angemessen festlich.

Ich legte meine Abendgarderobe an, klemmte das Manuskript unter den Arm und ging auf die Straße, um mir einen Wagen zu rufen. Meine Straße mündet in die Theobald's Road, Mr. Holmes, genau gegenüber von Gray's Inn. Gewöhnlich ist es nicht schwer, an dieser Durchgangsstraße eine Mietkutsche zu finden. Zu meiner Überraschung aber stand bereits eine Droschke direkt vor meinem Haus. Ich rief dem Kutscher die Frage zu, ob er auf jemanden warte. Er schien überrascht, entgegnete jedoch, daß dem nicht so sei. Ich öffnete die Tür, legte das Manuskript auf den Sitz und wollte eben hineinsteigen, als ich bemerkte, daß der Sitz bereits besetzt war. Mr. Holmes, ich bin kein Mensch, der zum Phantasieren neigt, aber der Anblick der Gestalt, die in der Ecke jener Droschke saß, ließ mir das Blut in den Adern gefrieren! Ein totenblasses Antlitz, mit glasig stieren Augen. Es schaudert mich, wenn ich daran denke.«

»Erinnern Sie sich, wie die Gestalt gekleidet war?« fragte Holmes scharf.

»Das tue ich allerdings, es war höchst auffallend. Ich entsinne mich eines mehrlagigen Reisemantels, der bis zum Halse zugeknöpft war, einer Melone und eines Wollschals. Diese fremdartige Erscheinung mit ihren unmenschlich gebleichten und geisterhaften Zügen hatte etwas so Ungereimtes, daß ich unwillkürlich mit einem Schrei zurücktaumelte. Kaum hatte ich das getan, peitschte der Kutscher sein Pferd mit einem Ruf an, ratterte die Straße hinab und verschwand im Nebel.«

»Tatsächlich?« sagte Holmes und rieb seine Hände aneinander. »Höchst fesselnd. Fahren Sie fort, Mr. Bosney, ich bitte Sie.«

»Ich muß zugeben, Mr. Holmes, daß mich eine gewisse Erleichterung überkam, nachdem das Gesicht so schnell entflohen war. Ich stand zitternd auf dem Gehsteig und fragte mich, was ein so schrecklicher Anblick zu bedeuten habe. Vielleicht hatte ich es mir eingebildet, vielleicht befand ich mich noch in den Klauen des Fiebers der Phantasie, in dem ich meine Geschichte beendet hatte. Aber dann erinnerte ich mich, daß mein Manuskript noch auf dem Sitz der verschwundenen Droschke lag, und ich wurde vor Entsetzen fast wahnsinnig. Ich rannte hinab zur Theobald's Road und starrte um mich. Einspänner und Broughams und Hansoms ratterten dort dutzendweise in beide Richtungen. Aber welches meine Kutsche war, konnte ich nicht sagen. Ich habe meine Diener zu den Droschkenfirmen geschickt und für die Rückgabe des unversehrten Manuskripts große Belohnungen in Aussicht gestellt, Mr. Holmes, bis jetzt jedoch ohne Erfolg. Ich bin mit meinem Latein am Ende!«

»Ein reizvolles Geheimnis«, sagte Holmes und blickte versonnen zur Decke empor. »Können Sie mir wohl den Kutscher beschreiben?«

»Das kann ich nicht, Mr. Holmes!« seufzte der andere. »Sonst habe ich ein ausgezeichnetes Gedächtnis für Gesichter, aber dieser Mann war gegen die Kälte so eingehüllt, daß ich keine Gelegenheit bekam, seine Züge zu mustern. Seiner Stimme nach habe ich den Eindruck, daß es ein junger Mann war, aber ich mag mich irren. Außerdem ...«

»Ja?«

»Na ja, vielleicht bilde ich es mir bloß ein, aber ich könnte schwören, daß ich, als die Droschke von mir fortrasselte, ein Lachen gehört habe. Ich habe es den Medizinstudenten zugeschrieben, die unlängst in die der meinen benachbarte Wohnung eingezogen sind und die sich günstigstenfalls ungebärdig benehmen, aber wenn ich es mir jetzt überlege, bin ich sicher, es kam vom Kutscher selbst! Was kann das bedeuten, Mr. Holmes?«

»Ein Lachen, sagen Sie? Also das ist wirklich höchst aufschlußreich.« Holmes erhob sich und begann durchs Zimmer zu schreiten. »Sie haben Studenten erwähnt, Mr. Bosney, was haben Sie sonst für Nachbarn?«

»Größtenteils sind wir eine ruhige Gesellschaft – vor allem Anwälte und Börsenmakler. Die Straße liegt günstig sowohl zu den Inns of Court als auch zur City. Ich habe allerdings zu keinem meiner Nachbarn ein sonderlich inniges Verhältnis. Colonel Harker, dessen Haus an das meine grenzt, ist kürzlich aus Indien zurückgekehrt und hat sich für den Haushalt von dort Personal mitgebracht, das er in ungezügeltem Jähzorn anbrüllt. Ich glaube nicht, daß ich jemals mehr als zwei Worte mit ihm gewechselt habe. Über Weihnachten ist er ohnedies nach Hampshire gefahren, ich kann mir daher nicht vorstellen, daß er mit dieser Angelegenheit irgend zu tun hat.«

»Nun, Mr. Bosney«, sagte Holmes und knüpfte sein Cape zu, »ich werde mir dieses kleine Problem für Sie einmal anschauen.«

»Vielen Dank, Mr. Holmes!«

»Kommen Sie, Watson, begeben wir uns alle nach Gray's Inn und sehen wir, was wir dort entdecken können.«

Während wir drei durch die dunklen Londoner Straßen kutschiert wurden, betrachteten Sherlock Holmes und Culliford Bosney durch das Fenster die nebelverhüllten Straßen und Gassen der Metropole, ersterer durchdringend, letzterer mit komischer Besorgnis. Holmes, der heftig an seiner beißendsten Shagmischung zog, nahm die Straßennamen zur Kenntnis, derweil wir die Euston Road hinabflogen.

Ich habe schon früher dargetan, daß er über profunde Kenntnis der Straßen Londons verfügte, von den niedrigsten und abstoßendsten Gassen im Osten bis hin zu den breitesten und modischsten Plätzen und Promenaden im Westen. Mit Erstaunen vermerkte ich, daß auch Mr. Bosney genaue Bekanntschaft mit der Hauptstadt hatte. Die beiden unterhielten sich begeistert über ihre Liebe zu der großen Stadt, wobei Bosney es sogar verstand, Holmes gelegentlich mit einem obskuren Fragment aus der Geschichte oder einer örtlichen Anekdote zu überraschen.

»Ja, wirklich, Mr. Holmes!« rief er. »London lebt, glauben Sie mir. Jeder Einwohner gleicht einer Zelle des großen Organismus und ist mit jeder anderen verbunden. Der geringste Schankkellner in Limehouse und der bedeutendste Herzog am Grosvenor Square sind aufeinander angewiesen und erhalten sich gegenseitig am Leben! Sie denken vielleicht, ich übertreibe?«

»Ganz und gar nicht, Sir«, erwiderte Holmes, »ein Großteil meiner Arbeit beruht auf dieser Tatsache. Was ist ein Verbrechen anderes als eine Krankheit? Meine Arbeit ist größtenteils diagnostischer Natur: So wie Watson Eisenmangel an einem geschwollenen Ellbogen erkennen mag, so kann ich vielleicht einen Vorstadtmord an einem abgeschabten Ärmel ablesen. Ein Todesfall in Houndsditch mag die Einwohner von Belgravia ungerührt lassen, aber sie mißverstehen die Angelegenheit, wenn sie sich für unbeteiligt halten.«

»Mr. Holmes, Sie sind ein Mann nach meinem Geschmack«, sagte Bosney warmherzig. »Und ist dies nicht die Jahreszeit für derlei Überlegungen?«

»Was das betrifft«, sagte Holmes und warf mir einen schelmischen Seitenblick zu, »so muß ich gestehen, daß mit dem Wetter einerseits und den falschen Artigkeiten andererseits Weihnachten mich ziemlich kalt läßt.«

»Aber dann«, entgegnete der andere mit einiger Überraschung, »sind Sie ja der perfekte – ah, hier ist Gray's Inn. Sehen Sie, inzwischen hat man Schilder aufgestellt, die die Unachtsamen vor der frischen Farbe des Gitters warnen. Hallo, Tom!« Die letzte Bemerkung galt einem jungen Straßenkehrer, der diensteifrig herangetreten war, um uns, als wir anhielten, die Tür zu öffnen, und dem Bosney einige Pennys zuwarf.

Mein Herz sank, als ich die Verkehrsflut betrachtete, die an uns vorbeiwogte und die Gray's Inn Road überquerte. Wie konnte Holmes hoffen, in einem so riesigen Durcheinander der Menschheit ein verlorenes Papierbündel wiederzuerlangen?

Wie immer, wenn Sherlock Holmes mit einem Fall beschäftigt war, wich seine beschauliche Mattigkeit einer außerordentlichen Energie, und sein Auftreten bekam den intensiven Ausdruck eines von der Leine gelassenen Windhundes.

»Das da unten ist Ihre Straße, nehme ich an?« fragte er unseren Begleiter. »John's Street heißt sie, glaube ich.«

»Ganz genau, ich bewohne eines der Häuser weiter unten, wo sie den Namen ändert, bevor sie in die Guildford Street mündet«, erwiderte Mr. Bosney und versuchte mit Holmes Schritt zu halten, der die gut beleuchtete Durchgangsstraße hinabeilte. »Da wären wir; erlauben Sie mir bitte, Sie zu einem belebenden Glühwein einzuladen.«

»Nein danke. Also, die Droschke stand hier, wie ich sehe? Ganz recht. Heute nachmittag hat es nicht geregnet, das ist gut.« Holmes holte seine Lupe hervor, ließ sich auf alle viere nieder und fing an, über den Erdboden vor Culliford Bosneys Haus zu krabbeln. Da ich mit Sherlock Holmes und seinen Methoden so gut vertraut war, konnte mich die Genauigkeit seiner Untersuchung und die animalische Energie, mit der er sie durchführte, nicht besonders überraschen, aber der Romancier sah mit ehrlicher Verblüffung zu, wie Holmes unter fröhlicher Mißachtung seiner Hosenknie durch den Dreck des gepflasterten Bordsteins kroch, hier winzige Gegenstände in einen aus einer Innentasche gezogenen Briefumschlag steckte, dort unsichtbare Spuren auf dem Boden mit einem Band vermaß.

Endlich erhob sich Holmes wieder. »Also, Mr. Bosney, dieses Haus hier, das an Ihres grenzt, gehört das dem Colonel aus Indien oder den Medizinstudenten?«

»Den Studenten. Das Haus da drüben, mit den zugezogenen Vorhängen, gehört Colonel Harker.«

»Das dachte ich mir. Wir müssen uns beeilen, wenn wir Ihr Manuskript zurückerlangen wollen. Ich denke, ich werde jetzt ins Haus gehen.«

Ich folgte Mr. Bosney zu seiner Haustür, sah jedoch, als ich mich umdrehte, zu meiner Überraschung, daß Holmes durch den Vorgarten des Nachbarhauses schritt.

»Aber Holmes!« rief ich. »Dies ist das Haus.«

»Im Gegenteil, Watson. Sie sind doch Medizinstudent gewesen, Ihnen sollte klar sein, daß *dies* das Haus ist.« Indem er das sagte, zog er an der Türglocke. »Lesen Sie den Erdboden, Gentlemen, er ist die Haut des großen Organismus, über den wir uns unterhielten, und trägt Spuren von Gefechten, die manch eine absonderliche Geschichte bezeugen können.« Die Tür öffnete sich, und ein Dienstmädchen ließ Holmes eintreten.

»Nun!« sagte Mr. Bosney. »Höchst außergewöhnlich! Was können diese Studenten mit der Angelegenheit zu tun haben?«

»Ich glaube, wir sollten abwarten«, sagte ich. »Holmes begeht sehr selten einen Fehler. Wenn er glaubt, daß sie mit dem Geheimnis in Verbindung stehen, dann können Sie sich darauf verlassen, daß das stimmt. Kommen Sie, sehen wir uns den Boden an und schauen wir, ob wir nicht seinen Gedanken folgen können.«

Mit Hilfe einer Lupe, die Mr. Bosney aus dem Haus geholt hatte, verbrachten wir beide eine fruchtlose Viertelstunde mit der Untersuchung des Straßendrecks. Welcher Code dort auch abgedruckt sein mochte, er war zu kryptisch, um von uns dechiffriert werden zu können, und wir stiegen just die Stufen zu Mr. Bosneys Haus empor, um einen heißen Pharisäer zu uns zu nehmen, als nebenan die Tür aufging und ein junger Mann herausschoß, sich einen Hut auf den Kopf drückte und mit halsbrecherischer Geschwindigkeit die Straße hinabrannte. Einige Augenblicke später folgte ihm Sherlock Holmes, der die sich entfernende Figur mit wohlwollendem Amüsement beäugte.

»Ein elementares Problem, Mr. Bosney. Angemessen frivol für diese Jahreszeit. Wenn Sie so gut wären, uns zur Baker Street zu begleiten, glaube ich, ein wenig Licht in diese Angelegenheit bringen zu können.«

»Aber … aber, Mr. Holmes!« rief der andere. »Das Manuskript! Wollen Sie sagen, Sie haben es gefunden?«

»Sofern wir nicht großes Pech haben, sollten wir es

innerhalb der nächsten Stunde in Händen halten können.«

Während unserer Heimfahrt gewährte uns Holmes nicht eine weitere Silbe, von der Bemerkung abgesehen, wären alle Fälle so einfach wie dieser, würde das Leben unerträglich öde werden.

Als wir es uns in der behaglichen Wärme der Baker Street 221 B bequem gemacht hatten, griff Holmes sich ein Buch vom Regal und überließ es Culliford Bosney und mir, die festliche Ausschmückung der Zimmer zu vervollständigen, während er las. Plötzlich schloß Holmes lachend das Buch.

»Nun, Watson, vielleicht wird sich dies am Ende noch als ein Fall für Ihre Memoiren herausstellen. Höchst bemerkenswert. Ich hätte es natürlich wissen müssen.«

»Was hätten Sie wissen müssen, Holmes?« riefen wir gereizt.

»Mr. Culliford Bosney, wir kamen doch vorhin darin überein«, sagte Sherlock Holmes mit einem selten bei ihm zu beobachtenden Augenzwinkern, »daß einfach alles in dieser großen Stadt auf überraschende Weise miteinander verwoben ist. Beobachter des Lebens wie wir müssen uns wie Spinnen in den Mittelpunkt des großen Netzes begeben und uns dazu heranbilden, jedes Zucken der Altweibersommerfäden, jedes Zittern der Fasern zu interpretieren. Sobald Sie erwähnt hatten, daß Sie neben Medizinstudenten wohnen, nahm ich von einem ebensolchen Beben des Gewebes Notiz. Vielleicht bedeutete es etwas, vielleicht nichts, aber in jedem Fall registrierte ich es. Watson erinnert sich vielleicht, wie ich bemerkte, das einzige denkwürdige Verbrechen, das London uns heute anzubieten habe, sei die Entfernung einer Statue am Charing Cross. Ihnen ist vielleicht bekannt, Mr. Bosney, daß Medizinstudenten die Angewohnheit haben, einander Streiche zu spielen. Die Rivalität zwischen den Studenten der beiden großen Krankenhäuser von Charing Cross und Guy's ist Legende.«

»Natürlich, das stimmt«, rief ich, »ich erinnere mich, daß wir zu meiner Zeit …«

»Genau«, sagte Holmes, den jede Unterbrechung ungeduldig machte. »Im Kopf hatte ich den Diebstahl der Statue daher bereits als eine Begebenheit eines solchen festlichen Allotria eingeordnet. Ihre Erwähnung von Medizinstudenten, Mr. Bosney, obwohl denkbar nebensächlich, bereitete mich auf eine Verbindung vor. Sobald ich den Schauplatz Ihrer Begegnung mit der Geisterkutsche betrat, waren mir die eigentlichen Tatsachen der Angelegenheit klar. Für ein geübtes Auge waren die Spuren auf dem Pflaster leicht genug zu interpretieren. Ich sah sofort, daß die Droschke vor dem Haus der *Studenten* gewartet hat, Mr. Bosney, nicht vor Ihrem. Die Zeichen der Bewegung und Rastlosigkeit seitens des Pferdes bedeuteten mir überdies, daß kein professioneller Kutscher die Zügel geführt hatte. Der Fahrer hat das Pferd kaum stillhalten können, während die Statue in die Droschke geladen wurde.«

»Eine Statue!« Culliford Bosney schlug die Hände zusammen. »Natürlich! Der schauderhaft starre Blick und die gespenstische Blässe!«

»Sie waren ein hervorragender Zeuge, Mr. Bosney, aber Sie vermochten Ihre eigenen Beobachtungen nicht zu deuten. Ihre Sinne hatten Ihnen bereits vermeldet, daß Sie etwas Unmenschliches erblickten, aber Sie weigerten sich, den logischen Schluß zu ziehen.«

»Gespenster gingen mir im Kopf herum, Mr. Holmes.

Ich hatte schließlich soeben eine Erzählung vollendet und weilte vielleicht noch in der Welt der Phantasie. Aber was geschah mit dem Manuskript?«

»Ich habe, wie Sie gesehen haben, bei den Studenten geläutet. Sie waren äußerst mitteilsam. Sie enthüllten mir, daß für den Zweck ihres Schabernacks einer von ihnen auf Dauer eines Tages einen Hansom gemietet und den Kutscher bestochen hatte fernzubleiben. Er stahl die Statue und brachte sie direkt in Ihre Straße, Mr. Bosney. Hier kamen die anderen Studenten heraus und kleideten sie an. Die Anordnung der Fußspuren draußen hatte mir bereits nahegelegt, daß irgend etwas dieser Art stattgefunden haben mußte. Danach gingen die Studenten wieder ins Haus, ließen die Droschke in der Obhut ihres Rädelsführers und verkleideten sich als Bauarbeiter. Ihre verrückte Absicht war, Temple Bar zu erklimmen und die Statue in eine ins Auge fallende Lage zu bringen, von der aus sie den Verkehr überblickt hätte. Der junge Gentleman, der die Rolle des Kutschers übernommen hatte, berichtete mir, wie Sie an ihn herantraten, während seine Freunde noch im Haus waren. Sie haben ihn so überrascht, als Sie ihn ansprachen, daß es ihm nicht in den Sinn kam, sich als besetzt auszugeben.«

»Der junge Halunke!« rief Culliford Bosney aus.

»Er ist höchst zerknirscht, kann ich Ihnen versichern«, sagte Holmes. »Ich glaube, ohne Selbstgefälligkeit sagen zu dürfen, daß er unangenehm überrascht war, Sherlock Holmes auf seiner Spur zu finden.«

»Ein Hammer zum Nüsseknacken, gewiß ... aber das Manuskript, Mr. Holmes?«

»Ach ja, das Manuskript! Ihr Kutscher hat den Moment, als Sie vor Erstaunen von der Kutsche zurückwichen, genutzt, um einen erfolgreichen Fluchtversuch zu unternehmen. Es gelang ihm, die Statue ins Charing-Cross-Hospital selbst einzuschmuggeln und in ein Bett zu legen, wo sie seines Wissens noch liegt. Den Hansom brachte er zu der Droschkenfirma zurück, bei der er ihn gemietet hatte, und erreichte das Haus nebenan kaum eine halbe Stunde, bevor wir die Szene betraten. Er hat die vage Erinnerung, hinten in der Droschke ein Papierbündel gesehen zu haben, hat dem aber keine Beachtung gezollt. Nachdem ich ihm klargemacht hatte, der Verlust des Manuskripts würde zur Folge haben, daß die Geschichte seiner Abenteuer dem Dekan seines Krankenhauses zu Ohren kommt, eilte er aus dem Haus, um es zurückzuerlangen. Ich glaube, ich höre soeben seine Schritte auf der Treppe.«

Just in diesem Moment öffnete sich die Tür und ließ einen erhitzten jungen Mann ein, der einen dicken Stoß Papiere trug. »Mein Manuskript!« rief Mr. Bosney und sprang auf.

»Erlauben Sie mir, Ihnen Mr. Jasper Corrigan vorzustellen«, sagte Holmes. »Das hier ist mein guter Freund Dr. Watson, und dieser Gentleman, dessen Manuskript Sie gefunden zu haben scheinen, ist Ihr Nachbar, der Romancier.«

»Nun, Sir, ich glaube, ich muß Sie um Vergebung bitten«, sagte der Medizinstudent und streckte seine Hand aus. »Ich bin mir sicher, Mr. Holmes hat Ihnen alles erzählt. Glauben Sie mir, ich hatte nicht die geringste Absicht, Ihnen derart mitzuspielen.«

»Mein lieber Freund«, sagte Mr. Bosney und schüttelte ihm herzlich die Hand, »denken Sie nicht mehr daran! Wenn das Manuskript vollständig ist ... lassen Sie mich sehen ...« Er nahm das Papierbündel und untersuchte es eifrig. »Ja, es ist alles da. Ich werde es sofort in die Druckerei bringen. Ob sie so spät abends noch offen haben? Aber es gibt einen Nachtportier. Ja, jetzt sofort! Mr. Corrigan, ich hoffe, Sie beehren mich morgen abend mitsamt Ihren Freunden bei mir zu Hause. Wir wollen ein Fest feiern! Jawohl, mit Maronen und Spielen und allem möglichen Spaß. Man sollte seine Nachbarn kennen. Es ist eine Schande, daß ich Sie nicht früher eingeladen habe. Und türkischer Honig und heißer Punsch! Bitte sagen Sie zu.«

»Sir, es ist uns eine Ehre. Wir ... ich habe diese Großzügigkeit nicht verdient.«

»Nichts da! Haben wir nicht Weihnachten? Was Sie betrifft, Mr. Holmes, ich weiß nicht, wo ich anfangen soll ... diese Brillanz, diese ...«

»Wirklich, Mr. Bosney, Sie sind zu gütig«, sagte Holmes und lächelte ein wenig ob des Redeschwalls des Autors. »Ich bin glücklich, daß Ihre Geschichte gerettet worden ist, aber ich glaube, wenn Sie darüber nachdenken, werden Sie sehen, daß es kein großes Problem war. Es ist durchaus wahrscheinlich, daß es sich auch ohne meine Unterstützung gelöst hätte.«

»Das kann ich unmöglich stehenlassen«, erwiderte Mr. Bosney, »ich bestehe darauf, daß Sie mir Ihr Honorar nennen.«

»Was das angeht«, sagte Holmes, »so *werde* ich Sie um ein Honorar bitten.«

»Nennen Sie es, Mr. Holmes, nennen Sie es!«

»Ich besäße gern Ihr Manuskript. Wenn es aus der Druckerei zurückkommt, könnten Sie es mir dann wohl zuschicken?«

Mr. Bosney blinzelte leicht. »Wirklich, Mr. Holmes, Sie erweisen mir eine große Ehre. Sie sagten doch, Sie hätten keine Zeit für Literatur.«

»Für manche Literatur habe ich alle Zeit der Welt, Mr. Bosney, und ich habe den Eindruck, Ihre Geschichte wird mir gefallen. Ich glaube, Sie sind es, der mir eine Ehre erweist.«

»Reichen Sie mir die Hand, Sir!« sagte der andere. »Sie sind ein bemerkenswerter Mann. Ein bemerkenswerter Mann.«

Mr. Bosney hielt Wort, und eine Woche später ging das Manuskript mit der Post ein. Holmes ergriff es unverzüglich und war die nächsten zwei Stunden mit seiner Lektüre beschäftigt. Als er es beendet hatte, sah er auf, und ich merkte, daß er Tränen in den Augen hatte.

»Wirklich, Watson«, sagte er endlich. »Können wir nicht noch etwas Ilex in die Wohnung hängen? Es ist schließlich Weihnachten.«

»Aber Holmes!« rief ich ungläubig.

»Lesen Sie, Watson!« sagte er und reichte mir das Manuskript. »Lesen Sie nur.«

Ich nahm es ihm ab und sah auf die Titelseite. »Aber … aber … Holmes!«

»Ganz recht, Watson.«

Ich sah wieder auf das Manuskript. Auf der Titelseite stand:

EIN WEIHNACHTSMÄRCHEN
VON
CHARLES CULLIFORD BOZ DICKENS

»Und uns allen fröhliche Weihnachten!« sagte Holmes.

FINIS

Deutsch von Ulrich Blumenbach

Der 50-Pfennig-Weihnachtsmann

Es war Heiligabend in Duffys Wohnung. Es war auch sonst überall Heiligabend; doch überall sonst konnte man das an den üblichen Anzeichen erkennen – den aufgemotzten Tannenbaumstummeln, den Abraumhalden von Geschenken, den klirrenden Kisten mit Bacardi. Ein Weihnachtsbaum kam Duffy nicht ins Haus, weil er nicht wollte, daß er auf seinen schönen sauberen Fußboden nadelte; die zwei Geschenke, die er bislang erhalten hatte, waren ordentlich weggeräumt; sein Getränkewagen indessen umfaßte nur einen Vierfingerrest Rioja sowie eine Schale mit Slimlines. Es war Heiligabend, und in der Sicherheitsbranche war Flaute. Duffy machte sich für seinen letzten Nachmittagsdienst als Oxford-Street-Weihnachtsmann bereit.

Zuerst nahm er eine Pizza Margherita von Marks & Spencer von dem Stapel im Tiefkühlschrank und legte sie neben die Mikrowelle. Nur noch sechs Stunden in einer roten Kutte und mit einem großen weißen Bart, dann konnte er es sich mit seinem Abendessen und einer Simon-and-Garfunkel-Kassette gemütlich machen. Vielleicht würde er den lekkeren spanischen Wein in der Flasche mit dem goldenen Bändchen drum rum austrinken; er nahm sie vom Wagen und stellte sie neben die brettharte Tiefkühlpizza. Er warf einen Blick durchs Zimmer: Auf dem Fernseher lag die Weihnachtsausgabe von ›Time

Out‹ mit dem verführerischen Titelbild von John Major als Weihnachtsfee. Die Fernsehtips hatte er bereits mit grünem Filzschreiber angestrichen. Die zweistündige Sondersendung von *Minder* – darauf freute er sich schon. Hauptsache, es war ein guter Kampf drin. In den letzten Folgen von *Minder* hatte es nicht besonders viele gute Kämpfe gegeben. Ein guter Kampf würde ihn in Festtagsstimmung bringen. Sonst gab es ja nicht viel dazu: Zunächst mal würde Carol nicht da sein. Sie war unterwegs und strich Polypenüberstundengeld ein. Weihnachten hatten Ganoven wie Polypen immer viel zu tun: Da gab es Persische-Golf-Prinzessinnen, die noch kurz vor Toresschluß ihre Ladendiebstähle erledigten; übriggebliebene Fußballfans, die in die Brunnen am Trafalgar Square pinkeln wollten, und wenn das Wasser abgestellt war, wollten sie noch in die trockengelegten Becken pinkeln; da nahmen weihnachtliche Hütchenspieler die Leute auf der Straße aus und weihnachtliche Taschendiebe die Menge um die weihnachtlichen Hütchenspieler; da gab es Leute, die Geld ausgaben, als würden sie nie wieder eine Kreditkarte klauen. Was für eine Jahreszeit. Wenn die Drei Weisen aus dem Morgenland noch mal mit ihren Geschenken ankämen, müßten sie die Wach- und Schließgesellschaft rund um die Uhr in Anspruch nehmen. Psst, Meister, wie wär's mit einer Nase Myrrhe? Schnell reinziehen, dann ist es so gut wie echt.

Duffy nahm seine Uhr ab und deponierte sie auf der Arbeitsplatte. Er war zwar nur ein 50-Pfennig-Weihnachtsmann und absolvierte seine Lehrzeit in einem drittklassigen Warenhaus, das von der Kundschaft lebte, die aus den namhaften Läden in der Oxford Street rüberschwappte, aber er wollte seine Arbeit ordentlich erledigen. Weihnachtsmänner tragen keine Digitaluhren: Da war sich Duffy ausnahmsweise mal sicher. Man mußte ein gewisses Niveau halten, sonst ginge das Weihnachtsmannwesen endgültig vor die Hunde. Es liefen heutzutage eh schon ziemlich zwielichtige Gestalten im scharlachroten Kittel rum. Da gab es Weihnachtsmänner, die sich gar nicht mehr um eine anständige Illusion bemühten, die sich mit der einen Hand eine Zigarette drehten, während sie mit der anderen die Kinder auf ihren Schoß setzten. Da gab es Weihnachtsmänner, die, offen gesagt, nur in dem Metier gelandet waren, weil es zum Pfadfinderführer nicht gereicht hatte, wenn Sie verstehen, was ich meine.

Auf der Busfahrt zur Arbeit überlegte Duffy, daß nicht nur die Weihnachtsmänner allmählich verlotterten. Auch die Kinder waren viel zynischer geworden. Da war neulich so ein etwa fünf oder sechs Jahre alter Junge gewesen, der hatte sich bei ihm auf den Schoß gesetzt, und seine Beine waren so lang, daß die Füße platt auf dem Boden lagen. »Ey, Mama«, hatte er zum Grotteneingang hin gerufen, »mir haben sie einen von den Sieben Zwergen untergejubelt.« Freches kleines Aas. Dann gab es Kinder, bei denen der Weihnachtsmann sowieso keinen Blumentopf gewinnen konnte, die eindeutig lieber Snoopy, Emu oder Roland Rat gehabt hätten. Wer will schon einem alten Opa begegnen, wenn er auch einem richtigen Tier begegnen kann? Der Weihnachtsmann als Idee war auf dem absteigenden Ast. Duffy hatte gehört, so ein Nobelladen hätte diesmal zu Weihnachten eine Rambogrotte aufgemacht, wo ein halbbekleideter Koloß mit Patronengurten über die mazolageölten Brustmuskeln geschnallt zwischen den künstlichen Palmen rumsaß und den lieben Kleinen zeigte, wie man eine Plastik-Armalite bedient. Was hatte das noch mit Weihnachten zu tun?

Duffy gab den Eltern die Schuld. Die meisten waren genauso zynisch. Da waren Mütter, die unbedingt mit ihrem Knirps zusammen in die Grotte wollten, nur um sich zu vergewissern, daß der nette alte Herr mit dem Stahlwollebart kein Kinderschänder war; nur um sicherzugehen, daß der Weihnachtsmann sich nicht an ihren engelsgleichen kleinen Wuschelköpfen vergriff. Da kamen streitsüchtige Eltern wieder zurück und beschwerten sich über die Qualität der Geschenke.

»Hören Sie, ich bin nur ein 50-Pfennig-Weihnachtsmann«, gab Duffy dann zurück. »Wenn Sie wollen, daß das Kind einen Heimcomputer aus dem Kleiebottich zieht, müssen Sie es in einem größeren Laden versuchen.« Dann war da dieser besoffene Vater, der sich neben den Watteschneemann stellte und laut zu verstehen gab, die Beziehung zwischen dem Weihnachtsmann und seinem Rentier weise eine Zuneigung auf, die über das natürliche Maß hinausging. *Dieser* Vorwurf ist mir ja nun neu, dachte Duffy.

Es war ein ruhiger Nachmittag unter den Kreppapiergirlanden und dem Schnee aus der Sprühdose. Das dreizehnte Kind diese Woche sagte zu ihm: »Advent, Advent, die Grotte brennt«, und wollte sich ausschütten vor Lachen. Duffy lachte so kehlig er konnte (es war so *ermüdend,* einen alten Mann zu spielen) und murmelte, während der liebe Kleine in dem Kleiebottich wühlte: »Hoffentlich ist die Farbe giftig.« Vielleicht ging das Geschäft so schlecht, weil er zu billig war:

Daß man von einem 50-Pfennig-Weihnachtsmann kein großes Geschenk bekommen würde, konnte sich jeder selbst ausrechnen, bei den Unkosten und so weiter. Oder vielleicht lag es einfach daran, daß Heiligabend alle mit ihren Einkäufen so spät dran waren, daß sie keine Zeit hatten, die Kinder ihre klebrigen Finger am Weihnachtsmannbart abwischen und sich ein Päckchen Anisbonbons in Weihnachtspapier abholen zu lassen.

Als der Nachmittag halb rum war, schlenderte Duffy zum Eingang seiner Grotte und betrachtete das Käufergewusel. Ja, die sahen alle so aus, als wären sie ziemlich spät dran mit ihren Einkäufen. Vor allem dieser Kerl im Regenmantel mit dem kleinen Schnurrbart da drüben am Schmucktresen. Ja, der war so spät dran mit seinen Einkäufen, daß er offenbar meinte, es ginge schneller, wenn er sich nicht an der Kasse anstellte. Ey, wo ich herkomme, nennt man das Klauen, dachte Duffy.

Er drängte sich in das Gewühl, wobei er unterwegs allen kleinen Kindern freundlich zunickte, als sei er lediglich auf Kundenfang. Gar keine schlechte Verkleidung, überlegte er; die könnte ich auch bei der Arbeit verwenden. Na, jedenfalls so etwa zwei Wochen im Jahr. Der Regenmantelmann am Schmucktresen, den Duffy beim Langfingermachen beobachtet hatte, schien die Absicht des anrückenden Weihnachtsmanns nicht bemerkt zu haben. Jetzt bist du dran, murmelte Duffy vor sich hin und packte den Kerl fest an der Schulter.

Und gleich ging alles schief. Duffy hielt den Mann fest, und der Mann hielt Duffy fest. Ehe Duffy noch seinen Zugriff qualitativ verbessern konnte, hatte der

Kerl ihn gegen den Tresen gestoßen, vornüber aufs Knie gezogen, auf den Boden gewälzt und angefangen zu schreien. »Haltet den Dieb«, brüllte er, »haltet den Dieb. Hilfe. Hilfe. Haltet den Dieb.« Ey, das sollte *ich* doch sagen, dachte Duffy und fing selber an: »Haltet den Dieb« zu rufen; da der Mann aber inzwischen auf seinem Brustkorb saß, kam es nicht so laut heraus, wie es eigentlich sollte. Außerdem wirkte es wohl etwas unglaubwürdig auf die Kundschaft; von dem jungen Kaufhausdetektiv, der die beiden Raufbolde schließlich trennte, ganz zu schweigen.

Er führte sie ab in das Büro des zweiten Geschäftsführers gleich neben Eisenwaren und Gartengeräte. Mit ob des gelungenen Fangs strahlenden Augen fragte der Detektiv, was da vorgefallen sei. Duffy ordnete seine rote Kutte und wollte eben den Mund aufmachen, da verkündete der Mann im Regenmantel auch schon mit eindrucksvoller Entrüstung: »Ich hab ihn beim Stehlen erwischt, und da ist er über mich hergefallen.«

Der Detektiv wandte sich Duffy zu.

»*Ich* hab *ihn* beim Stehlen erwischt, und da ist er über *mich* hergefallen.« Dummerweise war Duffy nicht gewohnt, den empörten Bürger zu spielen; vor allem, wenn er einen albernen roten Mantel mit künstlichem Pelzbesatz anhatte.

»Darf ich die Herren bitten, ihre Taschen auszuleeren?«

Der Mann mit dem Schnurrbart stand auf, zog wie ein Zauberer das Taschenfutter seines Regenmantels heraus, ging dann den Anzug durch und händigte einen Kamm, eine Brieftasche, einen Schlüsselbund und einen Kugelschreiber aus. Er wartete höflich, während er durchsucht wurde.

»Jetzt Sie«, sagte der junge Detektiv ein wenig barsch.

Duffy breitete resigniert die Arme aus, fuhr in die großen aufgesetzten Taschen seiner Weihnachtsmannuniform und zog zu seiner nur gelinden Überraschung sechs Uhren mit leuchtendbunten Plastikarmbändern heraus. Er hätte es sich denken können: Wer so ein Ding drehen kann, kann auch noch eins drehen, vor allem bei einer Rauferei.

»Okay, raus aus dem Dress.« Der Detektiv schlug jetzt einen vertraulichen Ton an. »Dahinten in der Grotte muß der Betrieb weiterlaufen.« Duffy händigte ihm sein scharlachrotes Kostüm aus. Der Detektiv riß ihm den Bart vom Gesicht wie ein Kinoheld, der einen balkanischen Bösewicht entlarvt. Aua. Das darf doch nicht wahr sein, dachte Duffy. Er sah die Schlagzeilen schon vor sich: WEIHNACHTSMANN KLAUT! In den vornehmeren Blättern würden sie vielleicht auch lieber schreiben: SICHERHEITSEXPERTE AUF FRISCHER TAT ERTAPPT. Über seine Arbeit sollte er besser den Mund halten; er wollte nicht für allzu viele Gratislacher sorgen.

Der Mann im Regenmantel mußte zu seinem Zug. Der Detektiv rief die Polizei. Duffy saß in Hemd und Unterhose herum. Der Mann im Regenmantel wurde ein wenig ungehalten; er rollte den linken Ärmel hoch und stellte eine große goldene Uhr zur Schau.

»Wissen Sie, was das ist?« fragte er den Detektiv. »Ja? Das ist nur eine Rolex. Das ist nur eine Ticktack im Wert von ein paar Riesen. Was sollte ich wohl mit so einer Ladung Schrottuhren anfangen?« Er deutete mit einer gewissen Verachtung auf den leuchtendbunten Haufen auf dem Schreibtisch des zweiten Geschäftsführers.

»Wahrscheinlich ist die auch geklaut«, meinte Duffy.

»Vorsicht, mein Sohn«, sagte der Mann im Regenmantel. »Sonst verklag ich dich noch wegen Verleumdung.«

Der Detektiv wandte sich an Duffy. »Haben Sie zufällig Bedarf an einer Uhr?« Duffy zog lässig die Manschette hoch. O Gott, da war nichts, nur ein nacktes Handgelenk. Na klar – er hatte seine Digitaluhr ja zu Hause gelassen, und alles nur, weil er den Kindern ein richtiger Weihnachtsmann sein wollte.

Der Mann im Regenmantel grinste, dann sah er wieder auf seine Rolex, die ihn daran erinnerte, daß er zum Zug mußte. Er verkündete, er könne dem Geschäft noch fünf Minuten von seiner Zeit schenken. Er schrieb seinen Namen, die Adresse und Telefonnummer auf. Er erwähnte das wenig bekannte Verbrechen der Freiheitsberaubung, von dem der Detektiv trotz seiner Jugend anscheinend schon gehört hatte. Schließlich durfte er gehen.

Duffy saß in Hemd und Unterhose herum. Er fror. Er wollte vor die glühenden Kohlen seines elektrischen Kamins in der Grotte zurück. Er erbot sich, jedwedem Ersatzweihnachtsmann, den sie auftreiben könnten, zur Hand zu gehen; der Detektiv schien jedoch abgeneigt, auf das Angebot einzugehen.

»Keine Sorge«, sagte Duffy. »Ich hab nicht mit dem Rentier geschlafen.« Der junge Mann fand das gar nicht lustig, daher machten sich beide daran, auf die Polizei zu warten. Sie warteten anderthalb Stunden, worauf sich Duffy den zweiten Schock des Tages holte. Die Polizei kam in der Einzahl, in der weiblichen Form, und um ganz genau zu sein, kam sie in Gestalt von POMin Carol Lucas, manchen – dem Kaufhausdetektiv allerdings glücklicherweise nicht – als Duffys Freundin bekannt. Ihre Gefaßtheit beeindruckte ihn, als sie sich einem Weihnachtsmann gegenübersah, dessen nackte Beine sie bislang in einem ganz anderen Zusammenhang gesehen hatte. Er war sich seiner eigenen Schauspielkünste nicht ganz sicher, daher duckte er den Kopf und sagte rasch sein Sprüchlein auf.

»Eins neunundsiebzig, zwischen vierzig und fünfzig, schwarze Haare mit Scheitel auf der rechten Seite, kleiner schwarzer Schnurrbart, Londoner Akzent, rehbrauner, zweireihiger Regenmantel, blauer Anzug, blauer Polyesterschlips, abgekaute Fingernägel, rotzfrech, rechtlich versiert, hab ihn beim Uhrenklauen erwischt, und ehe ich wußte, wie mir geschah, hat er sie mir in die Taschen von meinem Weihnachtsmannkostüm gesteckt.«

Duffy hielt inne. Der Detektiv starrte ihn unverwandt an.

Carol sagte: »Hört sich an wie Davie Morrison. Im Weihnachtsgeschäft ist er immer dabei. Hat er zufällig was von Freiheitsberaubung gesagt?« Der Detektiv zuckte zusammen, dann nickte er stumm. »Hmm. Dann ist es bestimmt Davie Morrison. Das Ding hat er schon öfter gedreht. Wahrscheinlich ist er inzwischen drüben bei Selfridges und klaut Videos.« Der Detektiv wirkte verlegen. Carol wandte sich an Duffy.

»Na, Herr Weihnachtsmann, wenn Sie ein Paar Hosen auftreiben können, sollten Sie wohl mal mitkommen.«

»Brauchen Sie Hilfe?« fragte der Detektiv.

»Ich glaube, das schaffe ich schon«, sagte Carol.

Es war spät, als Duffy nach Hause kam. Er hatte Hunger. Von Aufregung bekam er immer Hunger. Er freute sich auf seine Pizza. Bisher war es nicht das schönste aller Weihnachtsfeste gewesen, und der Laden hatte ihm seinen Tagessatz nicht bezahlen wollen mit der Begründung, er habe unerlaubt seine Grotte verlassen. Duffy machte die Wohnungstür auf und stellte fest, daß ein schlechtes Weihnachtsfest noch steigerungsfähig ist.

Sie hatten den Tiefkühlschrank geklaut, und das hieß, sie hatten auch sein darin befindliches Weihnachtsessen geklaut: die Hähnchenflügel, die Einzelportion Plumpudding und die Eiscreme. Aus Spaß hatte er ein einzelnes Knallbonbon dazugelegt, und das war jetzt auch weg. Sie hatten seine Mikrowelle geklaut. Sie hatten seinen leckeren spanischen Wein aus der Flasche mit dem goldenen Bändchen drum rum ausgetrunken. Und *natürlich* hatten sie den Fernseher geklaut. Mein Gott, sie hatten sogar sein Exemplar von ›Time Out‹ oben auf dem Fernseher geklaut: Konnten sich Schurken heutzutage nicht mal £ 1,20 leisten? Und jawohl, er hätte es sich denken können: Sie hatten seine Uhr von der Arbeitsplatte geklaut.

Meine Güte, hatte er Hunger. Er holte eine Bratpfanne raus und erhitzte etwas Öl darin. Als das Öl anfing, Blasen zu werfen, nahm er den aufgetauten Teigfladen mit dem grellfarbigen Belag und wollte ihn eben in die Pfanne gleiten lassen, da fiel ihm eine Extragarnierung auf. Die Schurken hatten ihm großzügigerweise ein Weihnachtsgeschenk dagelassen. Sie hatten auf seine Pizza Margherita gerotzt.

Fröhliche Weihnachten, Duffy!

Deutsch von Gertraude Krueger

R. L. STEVENSON

Weihnachtspredigt

Weihnacht ist nicht bloß der Meilenzeiger zu einem weitren Jahr, welcher uns zu selbstexaminierenden Gedanken verleitet: eine Zeit des Jahres ist's, nach allen Assoziationen, so sich damit verbinden, sei's häuslich oder religiös, welche uns Gedanken der Freude eingibt. Ein Mensch, welcher mit seinem Tun und Trachten unzufrieden, ist ein Mensch, welcher der Traurigkeit zuneigt. Und mitten im Winter, da sein Lebenspuls am langsamsten schlägt und er an die leeren Stühle seiner Liebsten erinnert wird, da ist's recht, daß er zu dieser Fasson lächelnder Gesichtszüge verurteilt ist. Edelmütige Enttäuschung, edelmütige Selbstverleugnung sind nichts zum Bewundern, sind nicht einmal zu entschuldigen, wenn sie Bitterkeit mit sich bringen. Eine Sache ist's, ins Reich des Himmels versehrt einzutreten; eine ganz andre, sich selbst zu versehren und draußen zu bleiben. Und das Reich des Himmels gehört den Kindhaften, jenen, welche leicht zu erfreuen sind, welche lieben und Freude spenden. Mächtige Männer der Tat, die Schlächter und die Baumeister und die Richter, haben lang gelebt und sich hart gegeben und sich doch diesen reizenden Charakterzug bewahrt; und bei unsern Salongeschäften und Bagatellsorgen wär die Schande untilgbar, sollte er *uns* verlorengehen. Sanftmut und heitres Wesen, die kommen vor aller Moralität; dieses sind die eigentlichen Pflichten. Und der Kummer an den sittenstrengen Menschen ist's, daß sie weder die eine noch das andre haben. Es waren die sittenstrengen Menschen, die Pharisäer, welche Christus nicht abkonnte. Wenn eure moralischen Grundsätze euch trübsinnig machen, dann verlaßt euch drauf, die sind falsch. Ich sage nicht, »gebt sie auf«, denn womöglich sind sie alles, was ihr habt; aber haltet sie wohlverborgen wie Laster, ansonsten sie bessern und einfachern Leuten das Leben verderben möchten.

Eine seltsame Versuchung begleitet den Menschen: seinen Blick auf Freuden zu richten, selbst wenn er diese nicht teilen mag; seine ganzen moralischen Grundsätze gegen sie in Anschlag zu bringen. Dieses Jahr hat eine Dame (Bilderstürmerin im Alleingang!) einen Kreuzzug gegen Puppen ausgerufen; und die landläufige Predigt gegen die Lust ist ein Merkmal der Epoche. Ich riskier's, solche Moralisten unredlich zu nennen. Bei jedweder Ausschweifung oder Perversion irgendeiner natürlichen Begierde tönt ihre Leier selber drauflos mit heißhungrigen Denunziationen; aber immer dann, wenn sich das wahrhaft Diabolische zur Schau stellt – in Mißgunst, Bosheit, der gemeinen Lüge, dem gemeinen Schweigen, der verleumderischen Wahrheit, dem Nachredner, dem kleinlichen Tyrannen, dem grämlichen Vergifter des Familienlebens –, dann ist ihre Meßlatte eine ganz andre. Dieses alles ist falsch, werden sie einräumen, aber irgendwie doch nicht so ganz falsch; wenn sie solches angreifen, steckt kein richtiger Eifer dahinter, kein heimliches Element von Geschmäcklerei befeuert die Predigt; Sachen, welche für sich genommen nicht falsch sind, die sind's, für welche sie sich die ausgesuchtesten ihrer Entrüstungsstürme aufsparen. Man mag natürlich alle moralische Verwandtschaft mit Ehrwürden Herrn Zola oder

der poltergeisternden alten Dame mit ihren Puppen in Abrede stellen; denn dieses sind plumpe und unverschleierte Beispiele. Und doch wohnt einem jeden von uns etwas vom nämlichen Antrieb inne. Der Anblick von Freuden, an welchen wir nicht teilhaben können oder ansonsten nicht teilhaben wollen, bewegt uns zu insonderlicher Unduldsamkeit. Das mag daher rühren, daß wir neidisch sind, oder daß wir traurig sind, oder daß wir Lärm und Ausgelassenheit nicht leiden können – da wir so feinsinnig sind –, oder daß wir – weil wir so tiefsinnig sind – ein alles andere überwiegendes Empfinden für die Bürde des Lebens haben: Zum mindesten sind wir, wie wir mit den Jahren voranschreiten, allesamt versucht, über die Freuden unsres Nachbarn die Stirne zu runzeln. Die Leute finden heutzutage soviel Gefallen dran, Versuchungen zu widerstehen; hier hätten wir eine, der zu widerstehen wäre. Sie finden Gefallen an der Selbstverleugnung; hier hätten wir eine Neigung, die gar nicht entschieden genug geleugnet werden kann. Es geht da unter moralischen Leuten der Einfall um, sie müßten ihre Nachbarn zu guten Menschen machen. *Eine einzige Person hab ich, sie zu einem guten Menschen zu machen: mich selber.* Aber meine Pflicht und Schuldigkeit dem Nachbarn gegenüber läßt sich sehr viel eher in den Worten ausdrücken, ich soll ihn zu einem glücklichen Menschen machen – wofern ich's vermag.

Glück und Güte stehen, scheinheiligen Moralaposteln zufolge, zueinander im Verhältnis von Wirkung und Ursache. Nie hat's etwas gegeben, was weniger bewiesen oder weniger wahrscheinlich gewesen: Unser Glück liegt niemals in unsern eignen Händen; wir ererben unsere Wesensart; wir stehen Schlag auf Schlag zwischen Freunden und Feinden; wir sind vielleicht so gebaut, daß wir eine Verhöhnung oder eine Beschimpfung mit außergewöhnlicher Schärfe empfinden, und so disponiert, daß wir ihnen im außergewöhnlichen Maße ausgesetzt; wir besitzen vielleicht Nerven, welche arg schmerzempfindlich, und sind mit einem arg schmerzhaften Leiden geschlagen. Tugendhaftigkeit wird uns nicht helfen, und sie ist auch gar nicht dazu da, uns zu helfen. Sie ist nicht einmal ihr eigner Lohn, außer für die Selbstsüchtigen und – hätte ich beinahe gesagt – die Unliebenswürdigen. Kein Mensch kann sein Gewissen beruhigen; wenn's der Seelenfriede ist, was er sich wünscht, dann ist er besser beraten, jenes Organ durch Nichtgebrauch auszulöschen. Und den Bestrafungen des Gesetzes und den unbedeutenderen *capitis diminutio* des gesellschaftlichen Scherbengerichts zu entgehen, das ist eine Sache der Klugheit – der listigen Schläue, wenn man so will – und nicht der Tugendhaftigkeit.

In seinem eignen Leben also kann ein Mensch Glück nicht erwarten, bloß mit Freuden davon profitieren, wenn dieses sich einstellt; er ist in Pflichterfüllung hier; er weiß nicht, wieso und warum, und braucht das auch nicht zu wissen; er weiß nicht, zu welchem Lohn, und soll danach nicht fragen. Auf die eine oder andre Weise muß er, wiewohl er nicht weiß, was Gutsein heißt, gut zu sein versuchen; auf die eine oder andre Weise muß er, wiewohl er keine Ahnung hat, womit man's bewerkstelligen kann, anderen Glück zu bescheren suchen. Und ganz ohne Zweifel mengt sich hier häufig eine Kollision der Pflichten hinein. Wie weit soll er gehen, um seinen Nachbarn glücklich zu machen? Inwieweit muß er jenes lächelnde Angesicht respektieren, welches so leicht zu betrüben, so schwer wieder aufzuhellen ist? Und inwieweit ist er auf der andern Seite gehalten, seines Bruders Hüter zu sein und der Prophet seiner eignen Sittlichkeit? Wie weit muß er dem Bösen widerstehen?

Die Schwierigkeit liegt darin, daß wir bloß wenig an Führung haben; wo doch die Aussprüche Christi in diesem Punkte schwer miteinander in Einklang zu bringen sind, und (die meisten von ihnen) auch schwer zu akzeptieren. Die eigentliche Wahrheit seiner Lehre freilich scheint doch diese zu sein: Wenn unsre eigne Person und unser eignes Los betroffen sind, so sollten wir bereit sein, alles hinzunehmen und alles zu verzeihen; *unsre* Wange ist's, welche wir hinhalten sollen, *unser* Rock, so wir jenem Manne hingeben sollen, welcher uns *unsern* Mantel genommen. Wenn aber das Angesicht eines andern geprügelt wird, so wird uns vielleicht ein bißchen was vom Löwen am besten kleiden. Daß wir's dulden sollen, wenn andre versehrt werden, und tatenlos dabeistehn, das ist nicht zu erkennen und gewißlich nicht zu wünschen. Rache, sagt Bacon, ist eine Art verwildertes Recht; ihre Urteilssprüche zum mindesten werden von einem tollgewordenen Richter gesprochen; und in unserm eignen Streite können wir nichts wahrhaftig ausmachen und nichts weise ausrichten. Aber im Streite unsres Nachbarn, da wollen wir ruhig kühner sein. Das Glück des einen Menschen ist so heilig wie das des andern; wenn wir nicht alle beide verteidigen können, so wollen wir den einen mit wackrem Herzen verteidigen. Nur insoweit, wie wir solches tun, haben wir irgendein Recht, uns einzumischen: Die Verteidigung von B ist der einzige Anlaß, gegen A einzuschreiten. A hat ein ebenso gutes Recht drauf, zum Teufel zu fahren, wie wir, zur Glückseligkeit aufzusteigen; und keiner von beiden weiß, was er tut.

Die Wahrheit ist, daß dieses ganze Einmischen und Denunzieren und militante Kleingekräme mit moralischen Halbwahrheiten, obschon's bisweilen nötig sein mag, obschon's Freude macht, doch immer noch den Pflichten einer geringeren Stufe angehört. Bösartigkeit und Neid und Rache finden hier ein Arsenal frömmlerischer Verkleidungen vor; dieses ist die Spielwiese invertierter Lüste. Mit ein bißchen mehr Geduld und ein bißchen weniger Hitzigkeit möcht sich in beinah jedem Falle eine umgänglichere und klügere Vorgehensweise finden lassen; und der Knoten, welchen wir im Privatleben mit irgendeiner famosen starrköpfigen Zankesszene durchhauen oder in öffentlichen Angelegenheiten mit irgendeinem verleumderischen Einschreiten gegen das, was wir gerne die Laster unsrer Nachbarn nennen, möchte von der Hand des Mitgefühls vielleicht noch entwirrt werden können.

Wenn wir auf das vergangene Jahr zurückblicken und sehen, wie wenig wir uns bemüht haben und zu welch geringem Ende; und wie häufig wir feige gewesen sind und uns gedrückt haben, oder unbesonnen und uns unklug hineingeworfen haben; und wie wir jeden Tag und den ganzen Tag lang das Gesetz der Güte übertreten haben – es mag ein Paradoxon scheinen, aber in die Bitterkeit dieser Entdeckungen hat sich eine gewisse Tröstung eingenistet. Das Leben ist nicht dazu bestimmt, des Menschen eitles Streben zu unterstützen. Er geht bei seinem langen Geschäfte die meiste Zeit mit hängendem Kopfe herum und die ganze Zeit wie ein blindes Kind. So voller Belohnungen und Freuden es auch ist – so daß, wenn er den Tag anbrechen oder den Mond aufgehen sieht oder einen Freund trifft oder zu Tische rufen hört, wenn er hungrig ist, dieses ihn mit überraschender Wonne erfüllt –, ist diese Welt ihm doch keine hilfsbereite Heimstatt. Die Freundschaften gehen zu Bruch, die Gesundheit läßt nach, der Überdruß befällt ihn; Jahr um Jahr muß er das kaum veränderliche Register seiner eignen Schwäche und Torheit herleiern. Das ist ein ihm gewogener Prozeß der Loslösung. Wenn die Zeit kommt, da er abtreten muß, brauchen ihm nur wenig Illusionen über sich selbst verblieben zu sein. *Hier ruhet einer, so's gut gemeint, was weniges versucht, viel gescheitert:* Gewißlich mag so sein Grabspruch lauten, dessen er sich keineswegs schämen muß. Ebensowenig wird er mit der Vorladung hadern, welche einen geschlagnen Soldaten vom Felde abruft: geschlagen, jawohl, und wär's auch Paulus oder Marcus Aurelius! – aber, wenn auch nur ein Zoll vom Kampfe in seiner alten Seel verblieben, unentehrt. Der Glaube, welcher ihn seine lebenslange Blindheit und seine lebenslange Enttäuschung hindurch gestützt hat, wird bei dieser letzten formalen Handlung des Waffenniederlegens kaum überhaupt noch vonnöten sein. Spielt ihm mit seinen alten Knochen einen Marsch; da, von der glorreichen sonnengefärbten Erde, aus dem Tage und dem Staube und der Verzückung heraus – da geht ein weitrer gläubiger Gescheiterter!

Deutsch von Friedhelm Rathjen

Weihnachtsgruß

Etwas Festliches, sagten sie. Etwas, das tausend Worte lang und festlich ist. Weihnachten steht vor der Tür, wissen Sie, und man schreit nach etwas … allgemein gesprochen … *Festlichem.*

Weihnachten ist eine Zeit, zu der man sagt, Weihnachten sei eine Zeit, zu der man Dinge tun solle, die man eigentlich das ganze Jahr über tun sollte. »Weihnachten ist eine Zeit, wo wir an Menschen denken sollten, die es nicht so gut haben wie wir.« Ach, und Juli und April sind das nicht, nein? »Weihnachten ist eine Zeit der Versöhnung.« Den Rest des Jahres können wir also rachsüchtig und bestialisch sein? »Weihnachten ist eine Zeit für Frieden auf Erden und guten Willen unter den Menschen.« Konzentrieren wir uns also den Rest des Jahres über um Gottes willen auf kriegerische Böswilligkeit. Brabbelstuß.

Ich möchte keinesfalls für den Geizkragen aus Dickens' *Weihnachtsmärchen* gehalten werden; der Geist des Weihnachtsfestes pulsiert hoffentlich auch durch meine Venen, erweicht mein Herz und verstopft meine Arterien in dem gleichen Maße wie jedem anderen Mann meiner Alters- und Gewichtsklasse im Lande. Wie also, fröhlicher rotnäsiger Leser, wollen wir gemeinsam weihnächtlich werden, Sie und ich? Für mich ist diese kleine Kolumne ein Korsett, oder meine ich Kornett? Vielleicht auch Kaminbrett. Alle drei! Eine Kolumne, die formt, erhebt, stützt, die Weihnachtslieder schmettert und nach Keksen duftet. Und den ältesten Keks haben natürlich all die in der Sandalette, die mit dem Sprichwort ankommen, Weihnachten sei ein Fest für Kinder.

Grrr! Das hielt ich als Kind von Weihnachten. Oder auch waaah! Die unerträgliche, schmerzhafte Spannung, die fürchterliche, monströse Enttäuschung des Ganzen! (Sehen Sie, ich bringe sogar Dickenssche Ausrufezeichen in Anschlag! Angeschlagene Zeichenausrufe einer fröhlichen Weihnachtstour um die Häuser, nehme ich an.) Für ein Kind ist Weihnachten der erste entsetzliche Beweis, daß der hoffnungsvolle Weg besser ist als das Ziel. Als Erwachsener kann man sich unmöglich dieselbe zappelnde Aufregung, klamme Erwartung und kribblige Verzweiflung wieder vor Augen führen, die einen erfüllte, wenn die Papptürchen des Adventskalenders aufschwangen. Die immer weniger werdenden Mitglieder meines Bekanntenkreises, die sich noch mit Geschlechtsverkehr und anderem körperlichen Stochern und Prökeln abgeben, haben mir erzählt, einem Partner zuzusehen, der sich auszieht oder zum fleischigen Techtelmechtel die Treppe hinaufgeht, könne einen vergleichbaren Nervenkitzel auslösen, aber das möchte ich denn doch lieber bezweifeln und rufe ihnen nur zu: »Humbug, Mumpitz, Wörterplunder.« Das schafft nur Weihnachten bei einem Kind. Und abermals, genau wie beim Sex, endet dieses Ereignis mit der tristen, aufgeblähten Einsicht, daß man derlei lieber erträumt als durchmacht, lieber erwartet als aufführt. Eine Einsicht, die einem vollends klar wird, wenn der letzte Schrecken des Weihnachtsfests glühend heiß aus der Hölle emporsteigt. Der Dankesbrief an Onkel und Tanten.

Als Kind drückt man Weihnachten mit frohem Erstaunen an die Brust und fragt dann verwundert und geknickt: »Das ist es also, was *mach* ich jetzt damit? Heute ist Weihnachten, und was hat sich geändert? Vor dem Fenster sieht alles aus wie sonst, ich *fühl* mich wie sonst, ich *seh* aus wie sonst. Wo ist Weihnachten? Wo ist es hin?« Ja, wohin wohl? Außer in der Phantasie war es nie da.

Teil des Problems ist natürlich, daß immer Frömmigkeit in die Festivitäten krabbelt. Ich habe den Eindruck, die werden von Jahr zu Jahr religiöser. Man sehnt sich richtig nach einer Rückkehr zum Kommerz, danach, die Adventszeit wieder mit materiellen Werten zu erfüllen.

Man erzählt sich die Geschichte, wie Sankt Augustin einen englischen König überzeugte, zum Christentum zu konvertieren, als er mit ihm in einem großen Saal saß und Weihnachten feierte – nur nannte man es noch nicht Weihnachten, sondern vermutlich eine Sonnwendfeier, auf jeden Fall war es eine große Fete im Winter. Wie in jenen Tagen vor Einführung des Dopings möglich, war die Party eine echt starke Sache. Ein großes Feuer knackte vor Scheiten, ein großes Scheit knackte im Feuer, und ein Scheitfeuer knackte im Kamin. Alle hatten Riesenspaß und Freude. Gelüftet wurde nur mit zwei Löchern hoch oben an beiden Enden des Daches.

Mit einem Mal, oder auch »plötzlich«, wie wir in England sagen, kam ein Vogel durch eines dieser Löcher in der Wand hereingeflogen, flatterte eine Weile herum und flog durch das andere wieder hinaus. Der König, den wir Boddlerick nennen wollen – weil ich keine Ahnung habe, wie er wirklich hieß, und nicht im Traum daran denke, meinen schweren Körper die Treppe hinaufzuschleppen, um es nachzuschlagen –

und der als eine Art Philosoph galt, drehte sich zu Augustinus, seinem merkwürdig berobten und beheiligenscheinten Gast, und sprach in folgender Weise diese Worte zu ihm: »Siehe dort, o merkwürdig berobter und beheiligenscheinter Gast! Gleicht unser Leben nicht dem dieses armen Vogels? Aus der dunklen und gähnenden Leere sind wir gekommen, sehen uns plötzlich in eine Welt von Farbe und Wärme und Licht, von Musik und Freude und Frohsinn geworfen, flattern für kurze Zeit verängstigt mit unseren Flügeln, bloß um dann wieder in die ewige Kälte und Finsternis hinausgeschleudert zu werden?«

Eine prima Analogie, sollte man denken. Könnte von Jonathan Miller höchstpersönlich stammen. Aber Augustinus wollte nichts davon wissen. »Aber nein, Sire, Majestät, Euer Gnaden«, entgegnete er, »Ihr seht es ganz falsch herum. Unser Leben ist lediglich ein dunkler Übergang im Lichtstrom von Gottes Liebe. Jene, die um Gott wissen, erwartet jenseits des Fensters das Paradies.«

Statt Augustinus zu verklickern, er solle gefälligst nicht so ein blöder alter Dussel sein, sondern noch einen Schluck vom herben Met nehmen und einen Blick auf die derbe Maid werfen, gefiel dem schmalzbrägigen König, was er gehört hatte, und er verfiel mit Pauken und Trompeten, Buch und Kerze dem ganzen funkigen Christengroove. Seither sind dieses Land und seine Weihnachtsfeste verdammt. Denn seit jenem elenden Tag sind die Welt, ihr Licht, ihre Farbe und Musik Dinge, für die wir bis ans Ende unserer Tage Gott Dankesbriefe kritzeln müssen. Wie kleine Kinder, die sich vor dem Schoße des mächtigen Weihnachtsmannes herumlümmeln, können wir nicht einmal die Schönheiten der Welt ohne Schuld, Scham, Furcht und sabbernde Dankbarkeit genießen.

Also schiebt Sankt Gustl ab und rollt Boddlerick auf die Bühne, sage ich. Draußen ist es kalt, dunkel und lieblos, und so gut wie jetzt haben wir es nie wieder. Laßt uns also jetzt Brot unter den Armen verteilen, denn ihrer ist *nicht* das Himmelreich, laßt uns auf den Teppich aschen, uns im Morgenmantel fläzen, den ganzen Tag lang Wein süffeln, uns vor der Glotze auf dem Bauch aalen, unsere Dankesbriefe an Omi und Gott vergessen und mal so richtig die Sau rauslassen.

Aber laßt es uns nicht an Weihnachten tun. Laßt es uns an jedem einzelnen verdammten Tag tun, jetzt und immerdar. Amen.

Deutsch von Ulrich Blumenbach

Die Geburt

Als aber in der finsteren Nacht
die junge Frau das Kind zur Welt gebracht,
da haben das nur zwei Tiere gesehn,
die taten grad um die Krippen stehn.

Es waren ein Ochs und ein Eselein,
die dauerte das Kindlein so klein,
das da lag ganz ohne Schutz und Haar
zwischen dem frierenden Elternpaar.

Da sprach der Ochs: »Ich geb dir mein Horn.
So bist du wenigstens sicher vorn.«
Da sprach der Esel: »Nimm meinen Schwanz,
auf daß du dich hinten wehren kannst.«

Da dankte die junge Frau, und das Kind
empfing Hörner vorn und ein Schwänzchen hint.
Und ein Hund hat es in den Schlaf gebellt.
So kam der Teufel auf die Welt.

Heiligabend im Himmel

Zum mäßigen Erstaunen des Grimmen Schnitters folgt man ihm in den Himmel in einem Porsche, einem Jensen und einem Volvo.

GRIMMER SCHNITTER Sehet ... das Paradies!
Der Himmel sieht einem Holiday Inn Zum Erschlagen ähnlich.

MR. HENDY *an der Rezeption* Mir gefällt's hier, Liebling.

MRS. HENDY Mir auch, Marvin. *Ab.*

EMPFANGSDAME Hallo, willkommen im Himmel. Entschuldigung, wenn Sie bitte hier unterschreiben wollen, Sir. Danke sehr. Wir haben einen Tisch für Sie drüben im Restaurant. Für die Damen ...

FIONA *liest auf der Konfektschachtel, die sie bekommen hat.* »After Life Mints«.

EMPFANGSDAME Fröhliche Weihnachten!

DEBBIE Ach, ist heute Weihnachten?

EMPFANGSDAME Selbstverständlich, Madam, im Himmel ist jeden Tag Weihnachten.

DEBBIE Na, was sagt man dazu?

Ein Restaurant im Himmel. Alle Personen, die vorher gestorben sind, sind hier versammelt: Mrs. Bloke, der verwundete Kopf und weitere Soldaten, die Kinder aus Yorkshire usw. usf. Dazu ein paar der barbusigen Mädels mit Sturz-

helmen, weil ... aber müssen wir das extra erklären? Auf einer Bühne tritt auf:

TONY BENNETT Guten Abend, meine Damen und Herren, es ist wahrhaftig ein unbezahlbares Erlebnis, heute abend hier zu sein, und ein bewegender Augenblick für uns alle, und ich möchte jetzt ein Lied singen – für euch alle! *Singt.*

Heiligabend im Himmel,
Ihr Kinderlein singt mit!
Hört nur das Gebimmel,
Ihr Kindlein singt mit!

Heiligabend im Himmel,
Ist der Schnee auch aus Gips,
Hauptsache wir haben's warm,
Und jeder trägt einen Schlips!

Heiligabend im Himmel –
Alle Mann ans Gerät:
Jeden Tag drei Teile »Sissy«
Und »Vom Winde verweht«!

Für die Familie Geschenke:
Ein neues Sony-Video,
Kosmetik, Pralinen
Und »Super Mario«!

Heut' ist wieder Heiligabend im Himmel
Und gestern sowieso,
Ihr Kinderlein kommet,
Singt mit und seid froh!

Heut'ist wieder Heiligabend im Himmel
Und morgen sowieso!
Ihr Kinderlein kommet
In dulci jubilo!

Deutsch von Bernd Eilert

KINGSLEY AMIS

Essen und trinken an Weihnachten

Ich finde schon seit längerer Zeit, daß Scrooge, wie so viele Dickens-Figuren, seinen Fall durch Übertreibung vergeigt hat. Den Geist der Weihnacht als Humbug abzutun, genügt, so, für sich genommen, noch nicht ganz, aber doch immerhin schon fast. Obwohl der Grund, aus dem man Weihnachten feiert, alles andere ist als Humbug, verdient beinah alles weitere daran durchaus diese oder eine noch härtere Bezeichnung. All diese Geschenke, raffinierte Vorrichtungen, einem Geld für Dinge abzunehmen, die andere Menschen nicht wollen, wofür man dann Dinge bekommt, die man selbst nicht will, die man tatsächlich oft nicht nur nicht will, sondern als eindeutig beleidigend empfindet. Das ist also die Art Buch/Schlips/Flasche Schnaps/Gerät, von der die glauben, sie könnte mir gefallen, mault man voll Kummer. Dann gibt es das Scherereien-Punktsystem, welches von Ehefrauen auf das Geschenk angewandt wird, das man ihnen macht, wonach eine Diamant-Halskette, telefonisch geordert und per Nachnahme bezahlt, null Punkte, ein Nasenring dagegen, auf einer Menschenfresser-Insel vor Ort persönlich erfeilscht, die höchste Punktzahl bringt, obwohl sich die meisten Gattinnen *in praxi* mit einem ganz bescheidenen Objekt begnügen werden, vorausgesetzt, es erforderte mehrtägiges Hatschen durch die Innenstadt.

Ich sehe durchaus ein, wie anziehend es sein kann, mehrere Wochen lang die Arbeit zu unterbrechen. Den

Briten macht es ganz allgemein nichts aus, über einen solchen Zeitraum untätig zu sein. Das liegt an ihrer Toleranz, welche bedeutet, daß man sich freudig mit den sehr schlechten Dienstleistungen abfindet, die man von seinem Mitmenschen bekommt, weil er von einem genauso schlecht bedient wird. Dies hat nur solang seine Berechtigung, wie das Land floriert, aber wir wollen das jetzt nicht vertiefen. Ich kann nicht sagen, daß ich sehr gern arbeite, aber noch viel weniger gern arbeite ich gar nicht. Zu Heiligabend versuche ich immer, eine halbe Stunde lang ranzuklotzen. Der Schimmer der Rechtschaffenheit hält vor, bis die abendlichen Getränke gereicht werden.

Wobei mir etwas einfällt, was all dies erträglich macht, die Geschenke, die angeheirateten Verwandten, die Kinder der anderen, die eigenen Kinder, die Spiele, der Lärm, die Unordnung, die lächerlichen Mahlzeiten. Es besteht aus einem Teil französischem Kochweinbrand, einem Teil irischem Whiskey und vier Teilen Frischmilch. Das Schwierigste ist, daß man nicht vergißt, am Vorabend Milch statt Wasser in die Eiswürfelbehälter zu füllen. Das Gemisch sofort nach dem Aufstehen trinken, während die anderen frühstücken oder sich hinter den Schneemann erbrechen.

Deutsch von Harry Rowohlt

ROBERT GERNHARDT

Von Papst zu Papst

Eine Weihnachtsgeschichte

Mensch,
sind Sie es selbst?

Ich BIN es selbst

Weihnachten, wohin das Auge reicht. Die Feiertage sind in vollem Gange.

Läßt sich nicht leugnen.

Ich wer Ihnen was erzählen. Was Gutes.

Ja, bitte. Seien Sie doch so gut.

Ich wer Ihnen was Gutes über den Bruder erzählen. Am Samstag beruft also der Bruder zu Hause auf der Bude einen Gesprächskreis ein. Alle an Deck, alle Mann bereit. Ein Blatt, ein Trifle, Plumpudding und ein Lied, drei, vier. Keine Getränke, naturgemäß, nur ein paar Flaschen Stout für Unverbesserliche in der Speisekammer. Einen altmodischen Gesprächskreis, so nennt das der Bruder. Mit Damen, naturgemäß.

Verstehe.

Wissen Sie, warum?

Nein.

Der Bruder ist dafür, die Meute über Weihnachten im Haus zu halten. Versuchen Sie mal, am Samstag auszubüxen, in die Stadt. Zwecklos.

Da ist man doch des Lobes voll, wenn die alten Bräuche so in Ehren gehalten werden.

Der Bruder hat Erkundigungen über die Kneipen angestellt. Mal hier, mal dort hineingeschaut, die eine oder andere Frage gestellt, mit den Wirten geschwatzt, heimlich auch schon mal selbst den einen oder anderen Schluck probiert. Wissen Sie, was der Bruder sagt?

Nein.

Der Bruder sagt, da ist was angefertigt worden.

Tatsache?

Der Bruder sagt, da ist was ganz Spezielles für Weihnachten angefertigt worden.

Sie meinen, minderwertige und giftige Getränke?

Der Bruder sagt, unten in den Kellern sitzen eben jetzt Burschen und fertigen eimerweise was an. Tagsüber sind sie da unten und mischen was in Fäßchen zusammen. Whiskey, mit der Kelle. Für Weihnachten. Zwei Shilling das Glas.

Da sollte man doch sicher die Polizei informieren?

Da werden Mischungen zusammengestellt, die noch nie zusammengestellt wurden. Dieses Jahr soll es besonders schlimm werden.

Die angesehenen Häuser sollten sich doch sicher in ihrem eigenen Interesse mit der Polizei in Verbindung setzen?

Ich wer Ihnen noch was sagen. Der Bruder sagt, es gibt einen schwarzen Markt für Terpentin.

Tatsache?

Unsere Männer verwenden jede Menge Terpentin für die Mischungen, wissen Sie. Terpentin, Sherrywein und ein Tropfen portugiesischer Cognac, der zu Beginn des Krieges ins Land gebracht wurde. Da haben Sie Ihr Glas Malzwhiskey. Und ich wer Ihnen noch was Komisches sagen. Wissen Sie, was ein Glas guter, alter Brandy ist, drei-sechs pro Stück?

Nein.

Terpentin und Sherrywein.

Sie erstaunen mich.

Der Bruder sagt, denen in Nordirland wird es noch mal leid tun.

Sie meinen, der nichtsahnende Fremde wird vergiftet?

Und dann gibt es noch solche ganz Speziellen, die fertigen ihre eigenen Zigarren und Zigaretten an, und dann marschieren unsere Männer alle rein und tätigen da ihren Getränkeverzehr. Zuerst kriegen sie den Sherrywein und das Terpentin. Und obendrauf hat der Chef im Keller die Sonderlullen angefertigt. Und über die Straße gibt es dann noch mal eine halbe Kanne Terpentin für morgens.

Ich hoffe doch sehr, daß Sie übertreiben.

Deshalb hat doch der Bruder für Samstag den Gesprächskreis anberaumt. Da kommt mein Bus. Fröhliche Weihnachten, und passen Sie auf sich auf!

Wiedersehen und schönen Dank!

Und tschüs.

* * *

Mensch, Sie sind es selbst! Wie haben Sie Weihnachten überstanden?

Hervorragend, danke schön.

Über Weihnachten war heftig was los auf der Bude.

Tatsache?

Der Bruder hat für den 24. abends einen Gesprächskreis anberaumt, um die Meute von den Kneipen abzuhalten, wo das Terpentin ausgeschenkt wird und wo es für alle, die reinkommen, gratis Sherrywein als Weihnachtsgeschenk gibt. Ich wer Ihnen was echt Gutes erzählen.

Ich bitte darum.

Der Bruder lädt den Onkel aus Skerries über Weihnachten nach hier ein. Unser Mann kommt am Donnerstagabend an. Der Bruder holt eine Flasche Sherrywein raus. Sehr großzügiger Kunde, der Bruder. Bietet dem Onkel ein Glas an. Aber nichts zu wollen. Der Onkel hebt abwehrend die Hände, zieht eine fürchterliche Grimasse, will das Zeug nicht anrühren. Vielen herzlichen Dank, aber nein danke. Sehr enthaltsamer Typ, der Onkel. Als nächstes ist er weg, rauf, im Bett.

Bewundernswert.

Nächsten Tag ist Freitag. Wirtin um acht auf, meldet den Onkel als vermißt. Ein Zettel auf dem Tisch in der Diele: »Sehr wichtige Verabredung. Bin um zwölf zurück.« Ist er um zwölf zurück?

Ich würde die Vermutung wagen, daß er um zwölf nicht zurück ist.

Nicht die Bohne ist er um zwölf zurück. Und um eins auch nicht. Geschweige um zwei. Geschweige um vier.

Außergewöhnliches Verhalten.

Und das Essen steckt im Herd. Aber was kommt um sechs? Ein Bericht, daß der Mantel unseres Mannes in der Diele hängt. Einer von der Meute geht nach oben und späht ins Schlafzimmer. Da liegt unser kühner Mann und schläft, völlig weggetreten.

»Exzentrisch« reicht kaum aus, ein solches Verhalten zu beschreiben.

Der Bruder hört die Geschichte, als er nach Hause kommt. Sagt nichts, aber man konnte sehen, daß er das nicht so toll fand. Geht rauf, sieht sich kurz den Onkel an, kommt runter, sagt nichts und fängt gleich an mit »David Copperfold«.

Eine Reaktion, die nichts Gutes ahnen läßt.

Egal, am nächsten Morgen – inzwischen haben wir, wohlgemerkt, den 24. – wacht der Onkel todmüde auf und will *Farola*-Flocken zum Frühstück. Sagt, er hatte den ganzen Tag zu tun, Verabredungen, Einkäufe, alles weitere, und nun will er den Tag im Bett verbringen. Die Meute auf der Bude fängt an zu lesen und einzupennen und sich auf den Gesprächskreis vorzubereiten. Um zwölf Uhr fünfundzwanzig wird der Mantel des Onkels als vermißt gemeldet.

Meine Güte!

Der Bruder verhängt auf der Bude sozusagen den Ausnahmezustand. Die Meute erscheint zum Gesprächskreis, aber gewisse Personen bekommen den Befehl, sie sollen aufpassen. Sie können mir das glauben, Sie können es auch lassen, aber der Mantel ist um sechs wieder zurück, und keine Seele hat ihn kommen sehen!

Hier ist man ja fast versucht, das Wirken des Okkulten zu vermuten.

Und oben steckt der kühne Onkel in der Falle. Was als nächstes passierte, das glauben Sie nicht. Um acht ist die Meute schwer mit Scharaden beschäftigt, als uns die Meldung erreicht, daß der Mantel wieder weg ist – UND das Fahrrad des Bruders!

Na na, na!

Mit so einem Gesicht habe ich den Bruder ja noch nie gesehen. Gibt der Meute ein Zeichen, sie sollen weitermachen, mit dem *Black Velour,* und weg ist er. Als nächstes – am 24. Dezember, zehn Uhr abends – schickt die Polizei eine Nachricht: Der Bruder liegt bei ihnen auf der Wache auf einer Polizeipritsche. Völlig weggetreten. Wissen Sie, was passiert ist?

Nein.

Geht in eine Kaschemme, um den Onkel zu suchen. Denkt, einen ganz Kleinen trinkt er auch, damit alles ganz natürlich wirkt. Kriegt von einem der Zapfer ein Extraspezielles ausgeschenkt.

Sie meinen diese tödliche Mischung aus Terpentin und Sherry?

Aber nicht die Spur, Mann. Terpentin war um fünf schon alle. Wissen Sie, was er gekriegt hat?

Nein.

Paraffin.

Das ist aber doch sicher nicht Ihr Ernst?

Paraffin mit Sherrywein. Und von dem Onkel hat man nie wieder gehört. Tschüs. Da kommt mein Bus! Schönes Neues Jahr noch!

Deutsch von Harry Rowohlt

EUGEN EGNER

EUGEN EGNER &
MICHAEL TETZLAFF

Der Silvester-Artikel

Ein Jahrtausend-Briefwechsel

Lieber Eugen!
Seit Monaten konnte ich mir wieder mal einen Besuch in der ›Rundschau‹-Kantine leisten. Leider gab es an dem Tag Schweinehacksteak – der Traum von einem Mittagessen also dahin. Doch sollte mein Besuch nicht ganz umsonst gewesen sein. Am Schwarzen Brett hing ein Zettel mit folgendem Wortlaut:

»Mitarbeiter!
Suchen irgend jemanden, der irgend etwas für die Ausgabe an Silvester schreibt. Am besten zwei. Rasch melden!
Die Redaktion.«

Soll ich für uns vorsprechen? Oder läßt Dir die Arbeit an Deinem neuen Werk keine Zeit? In Erwartung einer flotten Antwort

Dein Michael

P.S.: Die Frau hat die Kinder und Katzen *doch* mitgenommen.

Lieber Michael!
Schwein gehabt! Spätestens in einem Monat hätten die Kinder die ganze Siedlung dem Erdboden gleichgemacht. Aber hätte Deine Frau Dir nicht wenigstens *eine* Katze lassen können? Eine, die Dir jetzt etwas im Haushalt zur Hand gehen könnte? Wo doch alle Abflüsse mit Regenschirmen verstopft sind? Heute hörte ich übrigens, daß Katzenstreu, die man in die Toilette schüttet, an den Innenseiten der Rohre zu Beton wird ... Was Du noch schreibst, ist aber interessant: ›Rundschau‹-Kantine? Soweit ich weiß, hast Du doch Hausverbot? Wie auch immer – ja, um Gottes willen, sprich vor für uns! Wir nageln irgendwas für die Silvesterausgabe zusammen. Bedenkenlos! Hauptsache, wir steuern was zu diesem unseligen Jahrtausendwechsel-Quatsch bei. Zeitlich käme es mir sehr gelegen; erst gestern habe ich zweihundert Manuskriptseiten (mein »neues Werk«) weggeschmissen. Dazu paßt auch gut, daß ich dringend Geld brauche. Wieviel gibt's denn für den Silvester-Artikel? Zu allem bereit

Dein Eugen

Lieber Eugen!
Franz ist zurück. Du erinnerst Dich noch an den mißratenen Kater, der die Wand zwischen Schlaf- und Wohnzimmer säuberlich eingerissen hat? Ausgerechnet der! Von dem habe ich ja wohl kaum Hilfe im Haus zu erwarten. Du wirst es nicht glauben: Ein Gerichtsvollzieher weckte mich heute, Steuern eintreiben. Natürlich hatte ich kein Geld im Haus. Wie auch? Ich traute meinen Augen nicht, aber Franz ging diesen

Menschen an. Er riß ihm die Tasche aus den Händen sowie die Hosenbeine ab. Der Herr nahm Reißaus, Franz hinterher. Es dauerte eine Stunde, bis das Telefon schellte. Franz habe begonnen, das Finanzamt zu zerlegen. Ich fiel um. Im Supermarkt gibt es ein »Millenniums-Angebot« für Katzenstreu: »3,783 Liter für nur 88,80 Mark«. Ich bin so unsicher, sollte ich zugreifen?

Ach so: Wir haben die Zusage für die Silvesterausgabe. Ich bin mir nicht sicher, ob wir Geld bekommen. Davon war noch nicht die Rede. Aber bedenke auch den möglichen Ruhm. Hat sich Deine Frau von dem Weihnachtsbackunfall erholt? Richte ihr bitte die besten Genesungswünsche aus.

Auf die Silvesterausgabe und Franz!

Dein Michael!

Lieber Michael!

Keine Rede von Geld? Auf »möglichen Ruhm« kann ich verzichten! Glaubst Du vielleicht, ich will demnächst vom Gerichtsvollzieher geweckt werden? Mir hülfe dann kein Franz! Apropos: Wenn er mit dem Finanzamtschleifen fertig ist, könnte er doch unser Honorar eintreiben und notfalls das ›Rundschau‹-Gebäude pulverisieren? Hat Franz die eingerissene Wand in Deiner Wohnung nicht umgehend zu Katzenstreu verarbeitet? Auf windige »Millenniums-Angebote« wärest Du dann doch gar nicht angewiesen (es wird sowieso nur wieder radioaktiver Klärschlamm sein, von dem die Katzen barbarisch mutieren)!

Bei einem ausgedehnten Spaziergang in herrlich verschneiter Landschaft kam mir gestern eine Jahrtausendidee für unseren Artikel. Dummerweise hatte ich nichts zu schreiben bei mir, so daß ich gezwungen war, Notizen in den Schnee zu pinkeln. Und was geschah dann? Es hat getaut!

Weihnachtsbackunfall? Das war nicht meine Frau, sondern diese andere da, Du weißt schon, Gupta heißt sie, die nehmen sie immer für so etwas. Es soll ihr inzwischen bessergehen (in drei Tagen wird sie wieder eine Faust machen können). Bitte, schreib mir, daß wir Geld für den Artikel bekommen! Wann sollen wir mit dem Schreiben anfangen? Bänglich

Dein Eugen

Lieber Eugen,
wir bekommen Geld für den Artikel. Wieviel, bringe ich noch in Erfahrung. Dein Thema könnte sein: ›Die Bedeutung der Amenorrhöe im letzten Jahrtausend‹. Nur mal so zum Beispiel. Ich will Dir da nicht reinreden. Gupta spielt Theater? Seit wann? Oder was heißt: »In drei Tagen wird sie wieder einen Faust machen können?« Du hattest Dich verschrieben, das kenne ich sonst nicht von Dir. Mit Franz mußte ich zum Tierarzt. Er hatte sich verletzt (Finanzamt). Vierundzwanzig Stiche waren nötig, die Wunde am Unterarm des Veterinärs zu schließen. Die Praxiseinrichtung ist auch dahin. Jetzt habe ich neben den Steuerschulden, den Kosten für den Wiederaufbau des Finanzamtes und den Unterhaltszahlungen auch noch eine Klage am Hals. Kannst Du mir im Januar einen Strick drehen? Bitte denke über Dein Thema mal nach. Ich bin auch noch auf der Suche. Meine Frau rief an. Die Kinder wünschen sich einen Computer, eine Stereoanlage und

einen Motorroller zu Weihnachten und ein Feuerwerk für 1000 Mark. Muß jetzt einen Schnaps trinken!

Dein Michael

Du lieber Himmel!
Nicht dieses Thema! Viel lieber würde ich über etwas anderes schreiben (etwa über die Anerkennung von Katzen als Schwerarbeiter), aber ich fühle mich mental so ausgelöscht. Zur Zeit bin ich des Schreibens nicht mächtig, male nur Kreuzabnahmen. Obwohl es ja einerseits unbestritten erfreulich ist, mit einem Artikel für die Silvesterausgabe Geld verdienen zu können, muß ich doch feststellen, daß mich andererseits die daraus resultierende Auftragssituation bereits in diesem frühen Stadium zu bedrücken, ja, zu deprimieren beginnt. Sie engt mich ein, schnürt mir Lebensmut und -kraft ab. Es ist die Hölle! Kann ich nicht ein paar Kreuzabnahmen beisteuern, und Du schreibst den Text dazu? Ach, Franz hat's doch gut: Der geht einfach seinen Weg … Ja, Schnaps, da hast Du ganz recht.

Dein Eugen

Eugen!
Schnaps is ale, bin besoffn. Kann nischt schreib.

Dein M

Mensch, Michael!

Nun ist eine ganze Woche vergangen, seit Du mir auf orthographisch extrem anfechtbare Weise mitteiltest, besoffen zu sein. Bist Du's denn noch immer? Weshalb erhalte ich keine Nachricht von Dir? Die Zeit läuft, und wir haben noch kein Wort geschrieben! Ich gestehe, daß ich mich in den letzten Tagen auch ganz anderen Dingen hingegeben habe. Ich besitze, wie Du Dich vielleicht erinnerst, sämtliche ›Mäppchen & Krokodil‹-Comics aus der DDR. Vor Sorge, was ich denn nur mal schreiben soll, habe ich mich in die Lektüre dieser wunderbaren Heftchen geflüchtet. Integrallesung! Ach Gott, wenn ich nur über meine Begeisterung für ›Mäppchen & Krokodil‹-Comics schreiben dürfte! Aber die doofen Westdeutschen könnten das ja gar nicht begreifen … Noch was: Weihnachten rückt näher. Erbarmungslos. Kaum hat man diesen Scheiß-Sommer überstanden, muß man sich schon dem Weihnachts-/Jahresend-Horror aussetzen! Geschenke besorgen! Wovon? Soll ich etwa meine ›Mäppchen & Krokodil‹-Sammlung verkaufen? Ich bin doch nicht blöd! Wir sollten Franz gegen gute Bezahlung an ein Abbruch-Unternehmen ausleihen, das heißt, das müßtest Du natürlich entscheiden. Also: Melde Dich! Sei nüchtern! Wir haben eine Menge zu tun! Wann ist eigentlich Redaktionsschluß? Gruß

Dein Eugen

Lieber Eugen,
ich bin wieder nüchtern. Ich weiß nicht, was das für ein Zeug war. Verkaufe um Gottes willen nicht Deine ›Mäppchen & Krokodil‹-Sammlung. Franz kann ich

auch nicht verleihen. Stell Dir vor, er reißt mal was Falsches ein! Wir machen das anders. Wie Du weißt, zeichne ich seit siebzehn Jahren den Verkehrsfunk auf. Das sind jetzt 357 Bänder. Die gebe ich einfach ins Leihhaus, und wir sind reich. Bei der Gelegenheit muß ich Dir noch etwas berichten. Heute, es war um die Mittagszeit, leitete die Frau den Verkehrsservice mit folgenden Worten ein: »Ich trau mich das jetzt gar nicht zu sagen.« Und weiter: »Auf der A sowieso zwischen Offenbach-Ost und Dietzenbach befindet sich eine Waschmaschine auf der Fahrbahn.« Sei ehrlich, mein Lieber, steckst Du dahinter? Mir kannst Du es doch verraten. Immer noch suche ich verzweifelt nach einem Thema. Mit fällt verdammt noch mal nichts Brauchbares ein. Was machen wir bloß? Ich kann nicht mehr, wir müssen bestimmt sterben.

Dein Michael

Lieber Michael!

Du kannst Dir nicht vorstellen, wie erleichtert ich über Deine Nachricht bin. Fast könnte man sich schon fragen, wozu wir dann überhaupt noch den Artikel schreiben sollen, aber auch nur fast. Wir *werden* ihn schreiben, und uns wird auch einfallen, worüber. Gib nicht auf! Sterben können wir gegebenenfalls immer noch. Wie kurios übrigens, daß Du das mit der Waschmaschine gehört hast! In der Tat, dahinter stecke ich bzw. meine Frau und ich. Und mehr noch: Wir stecken sogar *drin.* Im Schonwaschgang (Wolle, vorwärts) fahren wir südwärts, der Weichspüler ist gut für meine Haare, bei jeder dritten Autobahnmeisterei mit einem Faxgerät werden wir anhalten, damit ich Dir meinen Anteil am Silvester-Artikel durchgeben kann. Bis jetzt habe ich allerdings noch nichts geschafft. Wahrscheinlich wirst Du Dich fragen, was der Grund für all das ist. Frag *mich* mal! Jederzeit antwortbereit grüßt Dich

Dein Eugen

Lieber Eugen,

was ist der Grund für all das?

Neugierig

Dein Michael

Lieber Michael!
Vielen Dank für Dein Interesse. Falls Du glaubst, Du hättest es schwer, lies bitte diese Antwort auf Deine Frage. Als ich mir vorgestern (noch zu Hause) gerade den Kopf über ein Thema für unseren Artikel zerbrechen wollte (es wird verdammt Zeit!), kam folgender Brief von unserer Verwandtschaft:

»Ihr Lieben,
Weihnachten will es werden. Wir würden das diesjährige Fest gern mit Euch verbringen, damit Ihr mal sehen könnt, wieviel schlimmer Euer Leben noch werden kann. Das wäre Euch eine Lehre, und sie lautete: Hütet Euch davor, das Fest mit uns zu verbringen. Wir kommen also am Heiligen Abend gegen Mittag und bleiben bis Neujahr. In der Zwischenzeit fressen wir alles zusammen und kacken in die Schubladen. Ihr werdet wünschen, vor Stalingrad gefallen

zu sein! Wir wünschen uns goldene Uhren und möchten an Heiligabend alle Filme mit dem Killerkrokodil sehen. Auf die Schnauze brauchen wir aus unserer Sicht nichts. In der Hoffnung, daß Ihr wißt, was Ihr uns schuldig seid:

Eure Verwandten alle«

Denk Dir unsere Lage, lieber Michael! Das Grauen war mit Händen greifbar! Wir sahen uns gezwungen, augenblicklich die Wohnung zu verlassen und zu fliehen. Hier finden sie uns hoffentlich nicht. Doch wie soll einer unter solchen Bedingungen schreiben können? Desolate Grüße

Dein schwergeprüfter Eugen

An Herrn und Frau Egner,
zur Zeit Autobahnmeisterei Bruchsal
Ihr lieben Unglücklichen,
so hört doch: Flucht ist keine Lösung. Die werden Euch überall finden. Erinnert Euch doch bloß an 1953, als wir zu viert (was waren das noch für glückliche Zeiten) ganz in Ruhe Eugens Geburtstag feiern wollten. In Kühlungsborn wähnten wir uns in Sicherheit. Aber wer stand plötzlich vor der Tür? »Die Verwandten.« Sind das wirklich Deine respektive Olgas Verwandte? Habt Ihr das überprüft? Ich appelliere an Euch. Dreht mit der Waschmaschine wieder Richtung Norden. Ich werde Euch freikaufen, wenn nötig. Notfalls schreibe ich noch schnell einen Bestseller. Lieber Eugen! In der Nacht träumte mir neben einer neuen Wohnung mit Frau ein Thema. Es ist wieder nur ein Vorschlag: ›Die Sympathien und Antipathien der Dinge in der Natur

bis heute.‹ Ist das nichts für Dich? Ich komme nicht weiter. Wird es bei Euch noch hell? Meine Eltern haben mir schon das Weihnachtsgeschenk überreicht: ein halbes Brot. Kommt also hier vorbei. Wir können essen. Franz ist nur noch volltrunken, keine Angst.

Euer Michael

Lieber Michael!
Beklagenswerterweise können wir nicht umkehren. Kurz vor Kilometer 419 (Ausfahrt Katzenellenbogen) geriet unsere Waschmaschine plötzlich ins Schleudern und havarierte auf dem Standstreifen. Fast augenblicklich brach schweres Trommelfeuer aus, so daß wir all unser weltlich Gut in Sicherheit bringen mußten. Leider ist mein Silvester-Artikel-Manuskript (bislang elf Seiten) völlig ausgebrannt. Darf ich also wieder von vorn anfangen. Solange das Manuskript brannte, war es hier hell, nun herrscht wieder Dunkelheit. Es ist so dunkel hier, daß uns die Verwandtschaft nicht aufspüren kann. An ihrer Echtheit besteht übrigens kein Zweifel. Ich muß schon sagen, Du machst uns ja vielleicht Mut: »Die werden Euch überall finden!« Wir wollen nicht wahrhaben, daß es kein Entrinnen geben soll. Erinnere uns bloß nicht an 1953! Könntest Du uns wirklich freikaufen? Weshalb hast Du das nicht längst getan? Ich habe den Verdacht, das ganze Elend, in dem wir uns befinden, hätte vermieden werden können, da Du anscheinend über allerhand geheime Verdienstmöglichkeiten zu verfügen scheinst. (Tonbänder, Bestseller – was noch?) Verzeih, ich weiß, Vorwürfe helfen uns jetzt auch nicht weiter. Begegnen wir den Tatsa-

chen lieber nüchtern und gefaßt. Deinen Themenvorschlag, den ich ganz vernünftig finde, werde ich mir durch den Kopf gehen lassen. Wenn wir irgendwo untergekommen sind, werde ich mich wieder melden. Gratulation zum halben Brot! Ach, wer da mitessen könnte!

Wehmütige Grüße aus der Fremde (auch an Franz) sendet Dir

Dein Eugen

Lieber Eugen,
eine große Frau packte mich auf der Straße am Arm. »Ihr Telefon wird abgehört, Ihr Fax überprüft«, sagte sie. »Mehr kann ich nicht verraten.« Weg war sie. Ich wollte ihr so gerne noch schöntun. Sie war wunderbar. Nun hat sich mein jahrelanger Verdacht bestätigt. Wundere dich also nicht, daß die Faxe an Dich jetzt in Umschlägen ankommen. Auch sollten wir vermeiden, das Telefon zu benutzen. Wer kann bloß dahinterstecken? Finanzamt, »Die Verwandten«, meine stark terroristisch veranlagten Kinder? Was machen wir bloß, wenn Silvester tatsächlich die Welt unterginge, wie manche spekulieren. Wir sollten die Gelegenheit nutzen und die Menschen warnen, jetzt nachdem unsere Rettung, Dein Manuskript, dahin ist. Wie sollen wir den Artikel bloß anfangen? Eugen, ich kann nicht mehr. Wir werden versagen. Jeder Weihnachtsmann hat mehr Geschick als wir. Das Freikaufen wird nichts. Das Geld für die Tonbänder ist für Marzipanrohmasse (450 Kilo), die meine Frau unbedingt haben mußte, draufgegangen. Ich konnte nichts machen, sie stand mit der Polizei in der Tür. Glaube mir, ich habe alles

versucht. Verhaltet Euch bloß still. Nutzt die Dunkelheit! Ich könnte zu guter Letzt noch meine Schlafanzüge in Zahlung geben. Bitte schreibe mir, daß Du eine Idee hast. Das Brot ist alle.

Dein Michael

Lieber Michael!

Verzage nicht, wenn die Entwicklung der Dinge auch höchst beängstigend ist. Dieses Fax (Überbringerin: große wunderbare Frau) ist verschlüsselt. Wirst Du daraus klug? Du wirst es mir sicher nicht übelnehmen, wenn ich nach den bisher gemachten Erfahrungen keine allzu große Hoffnung in Deine Schlafanzüge setze. Schreib Du ruhig über den Weltuntergang, denn das ist genau das, was die Leute wollen. Ich für meine Person aber habe jetzt entschieden, worüber ich schreiben werde. Du wirst staunen, denn mein Thema ist brandaktuell! Es betrifft nichts Geringeres als das neue Gesetz, wonach Katzen ab dem 1. Januar als Schwerarbeiter anerkannt werden sollen. Es hat nämlich bisher niemand daran gedacht, daß sie dann aber auch Arbeitssocken tragen müssen. Dabei ist das logisch, denn würden sie als Ärzte anerkannt, müßten sie Arztsocken tragen. Na gut, »Arzneisocken« müßte es wohl heißen, wenn es schon »Arbeitssocken« heißt und nicht »Arbeitersocken«. Ja und Arbeiter*sorgen* haben die Katzen dann obendrein. Dafür dürfen sie zum Ausgleich nach Feierabend die schönen ›Mäppchen & Krokodil‹-Comics aus der DDR lesen. Was meinst Du dazu? Ist das genial? Wir bewohnen seit heute eine Luxusetage im Kloster St. Kugelschreiber in der Nähe von Greiz. Die Mönche brennen Schnaps aus alten Holzklötzen, das wär was für Dich! So, jetzt muß ich trinken, stopp! Korrigiere: schreiben. Alles Gute und viele Grüße aus dem schönen Vogtland

Dein Eugen

P.S.: Brot alle? Iß doch Weihnachtsgebäck! (Königlicher Scherz)

Lieber Eugen,
Vogtland, Luxusetage? Woher der plötzliche Reichtum? Kein normaler Mensch darf einfach so ins Vogtland einreisen. Ich denke, Du hast kein Geld? Solltest Du mich nach Jahrzehntelanger freundschaftlicher Verbundenheit anlügen? Mir einen Bären aufbinden? Du weißt, wie lange ich am letzten gelitten habe. Dein Gespür für Themen übte eine so große Faszination auf mich aus, daß ich schlagartig wieder geheiratet habe. Sie heißt Karla und arbeitet – halte Dich fest – beim Finanzamt. Eine Hilfe könne sie mir bei meinen Steuerproblemen und auch sonst nicht sein, sagte sie, aber heiraten könnten wir ja trotzdem. Die Redaktion rief mich heute an: Morgen ist Redaktionsschluß. Sende mir also sofort – verschlüsselt natürlich – Dein Manuskript. Es brennt! Die Kinder sind endlich dingfest gemacht. Man erwischte sie beim Wiederaufbau des Finanzamtes. Vielleicht wird doch noch alles gut. Kannst Du mir nicht ein Besuchervisum für das Vogtland besorgen? Wie gerne würde ich das furchtbare Weihnachten bei Freunden verbringen: Glühwein intravenös, Lebkuchenwettraten, Gänsemarsch und so fort. Beeile Dich mit dem Manuskript! Ich baue auf Dich!

Dein Michael

Lieber Michael!
Glückwünsche zur Hochzeit! Kommt doch her und verlebt hier Eure Flitterwochen, solange das Finanzamt in Trümmern liegt. Wir wohnen kostenlos im Dissidententrakt! Die Mönche würden sich freuen. Visum braucht Ihr keins, die Äbtissin (eine geborene Gupta) bürgt für Euch. Franz laßt Ihr aber besser zu Hause, die Mauern des Refektoriums sind noch ganz frisch. Moment mal, was lese ich da? Morgen ist Redaktionsschluß? Das ist aber knapp! Andererseits frage ich mich, ob mich das überhaupt noch interessiert. An Jahres-, Jahrhundert- oder Jahrtausendwechsel denkt hier im Kloster St. Kugelschreiber kein Mensch. Es ist einfach umwerfend, was für einen epochalen Schnaps die Mönche aus alten Holzklötzen (ich berichtete davon) zu brennen verstehen. Wozu braucht man da Silvester? Den Artikel habe ich, ehrlich gesagt, ein wenig aus den Augen verloren. Bin sehr im Adventstaumel, bastle soeben neue Schlafanzüge, Unterwäsche, Leibchen, Kissen, Mäntel, Küchenstühle, Socken und ein Brüderchen für unseren Kater. Und Schnaps natürlich. Alles aus meinen eigenen Haaren. Ja, es ist schön, ein bestimmtes Talent zu haben. Ich sollte etwas daraus machen. Wie geht es Dir? Schreibst Du fleißig für die Silvesterausgabe? Eine schöne Adventszeit wünscht Dir und Deiner Frau

Dein Eugen (Grüße auch von meiner Frau,
die soeben Katzendienst hat)

P.S.: Bin erleichtert, daß Deine Kinder endlich unschädlich gemacht wurden.
P.P.S.: Soll ich wirklich das Manuskript schicken?
P.P.P.S.: *Welches Manuskript?*

Lieber Eugen,
es ist schön zu sehen, daß es Euch beiden so gutgeht auf Kloster St. Kugelschreiber. Was sage ich? Wunderschön ist das! Großartig! Es gibt kein rechtes Adjektiv, meinen Gefühlen Ausdruck zu verleihen. Außerdem ist meine Superlativmaschine, die Du mir zum Geburtstag geschenkt hast, defekt. Das wird die wahrscheinlich letzte Nachricht sein, die ich Dir in diesem Jahrtausend sende. Ich muß weg. Die Kinder sind ausgebrochen, meine Ex-Ex-Frau ist mit ihrem neuen Freund, »meinem« Tierarzt, hier eingezogen, Karla hat sich von mir scheiden lassen. Aus der Redaktion bekam ich ein Fax:

»Tetzlaff!
Ihr Manuskript, falls es so was geben sollte, können Sie panieren und am Heiligen Abend als Klingelbeutel feilbieten. Sie haben, wie nicht anders zu erwarten war, versagt. Wir wissen nicht, wie wir die Seiten jetzt füllen sollen, aber eins wissen wir: Sie haben lebenslanges Hausverbot. Das Ausfallhonorar in Höhe von DM 6000,– überweisen Sie gefälligst noch in diesem Jahr (Formular anbei).
Sehen Sie zu, wie Sie weiterhin zurechtkommen.

Die Redaktion«

Eugen, muß ich noch etwas sagen? Falls Du mir noch schreiben willst, dann mach das schnell. Ich muß verschwinden. Hoffe, daß der Toaster noch funktioniert.

Dein Michael

P.S.: Franz wurde zuletzt am Flughafen gesehen!

Lieber Michael!
Ach Gott, ach Gott, ach Gott, ach Gott! Wie sich doch alles so entwickelt! Schnellebige Zeit! Fast muß man es schon ein Glück nennen, daß Du bereits wieder geschieden bist, denn mit Flitterwochen im Kloster ist es nichts mehr. Seit gestern sind auch wir wieder auf der Flucht. Kurz vor dem Nachmittagstee tauchten übergroß unsere Verwandten am Horizont auf. Es muß eine undichte Stelle im Kloster gegeben haben. Zum Glück reichte die Zeit noch aus, einen Rentierschlitten aus meinen übriggebliebenen Haaren zu basteln. In dem jagen wir jetzt über die verschneiten Weiten dahin, einem ungewissen Schicksal entgegen. Vielleicht werden wir uns dort treffen. Am Toaster werden wir Dich erkennen. Was kümmert es uns angesichts solcher Unbill, daß aus dem Silvester-Artikel nichts geworden ist! Muß die Seite eben leer bleiben. Sehe mich gezwungen, jetzt zu schließen, die Musik (neue ›Mäppchen & Krokodil‹-CD) hier im Schlitten ist so laut, daß ich kein Wort schreiben kann, weder Gruß noch Unterschrift (was aus Geheimhaltungsgründen sowieso besser ist).

Lieber Eugen,
die Krümellade des Toasters ließ sich nicht mehr öffnen, eingefroren. Ich mußte ihn stehenlassen. Bin völlig verzweifelt in einen Bus Richtung Prag gestiegen. Der Fahrer war so betrunken, daß er nicht mehr mitbekam, wer zur Reisegruppe gehört und wer nicht. Auch sämtliche Fahrgäste haben »mächtig Schlagseite«. Sie sprechen tschechisch und trinken das gute Staropramen-Bier. Ich auch. Und diesen Wald-und-Wiesen-Likör. Wie heißt der doch gleich? Du hattest vor Jahren

mal versucht, ihn nachzubrennen. Damals, noch aus Deiner alten karierten Jacke. Stell Dir das vor: Über Franz berichten sogar die tschechischen Zeitungen. Die Gazette ›Muschkovizi‹ zumindest, die hier im Bus gedruckt wird, hat seinen letzten Coup morgen als Aufmacher. Gut, daß kein Foto von mir dabei ist. Glaube, daß ich in Prag sicher bin. Der Bus ist einigermaßen komfortabel ausgestattet. In der Sauna (gemischt), in der auch – ökonomisch vorbildlich – das Essen gegart wird, lernte ich Nina kennen. Wir haben uns spontan vorgenommen, eine Familie zu gründen. Ich werde diesen Brief an der nächsten Raststätte für Dich hinterlegen. Ich hoffe, der Zufall ist unser Freund. Die Adresse des Busses findest Du unter der Briefmarke. Auf baldiges Wiedersehen (Schlag bitte einen Treffpunkt vor, bitte!)

Dein Michael

Lieber Michael!

Denk immer daran, dies ist jetzt die Ära nach unserem Versuch, einen Silvester-Artikel für die Zeitung zu schreiben. Soviel zu Deiner Information, was die Zeitrechnung angeht. Heute ist Heiligabend, und wir sind ausgerechnet im Erzgebirge angekommen. Du kannst Dir nicht vorstellen, was hier los ist: Alles total voller Weihnachten!!! Glühweinsaufende Weihnachtsmann-Milizen kontrollieren die Straßen, und wehe, man wird ohne Geschenke angetroffen! An allen Ecken droht Marzipan, daß einem das Abdomen wegkrachen möchte. Zur Tarnung haben wir uns reichgeschmückte Christbäumchen an den Schlitten geschraubt, ich habe sogar bei Tag und Nacht Lebkuchenbrocken in den

Mundwinkeln (Mimikry). So können wir hoffentlich die Kontrollen passieren. Es wird pausenlos kontrolliert! Alle Briefe und Karten, die von hier abgehen, werden von der obersten Christmeß-Zensurbehörde überprüft. Poststücke, auf denen keine Weihnachtsgrüße stehen, werden vernichtet. Daher also wünschen wir Dir und Deiner neuen Frau (Herzlichen Glückwunsch zur abermaligen Familiengründung!) von Herzen gesegnete Weihnachten! Laßt Euch vom lieben Christ was recht Schönes einbescheren!

Dein Eugen und sin Fru

P.S.: Treffpunkt sollte die Innere Mongolei sein, an Silvester.
P.P.S.: Wir haben uns, da wir meine Weihnachtsbasteleien wegen der plötzlichen Abreise in St. Kugelschreiber zurücklassen mußten, neue Schlafanzüge und Katzen geschenkt. Hoch lebe die wohllöbliche Christmeß-Zensurbehörde!

Lieber Eugen,
danke für Deinen Hinweis betreffs Zeitrechnung. Aber verstehe bitte, daß ich recht verwirrt bin. Die tschechische Post scheint so schnell zu sein, daß ich Deinen Brief zwei Tage vor(!) Heiligabend bekommen habe. Vielleicht leben die Leute hier aber auch in einer anderen Zeit. Jedenfalls ist hier *heute* Heiligabend. Es ist schon spät, ich habe den Tag fast geschafft. Auch Prag steht Kopf. Im wahrsten Sinne! Weihnachten werden alle Häuser und sonstigen Gebäude einfach rumgedreht. Alles, was vom Boden auf die Decke fällt, wird

verschenkt. Die Leute trennen sich also von fast allem, was sie besitzen. Ninas Eltern sind nette Leute, sie hassen mich zwar, aber geben mir dennoch Essen und Bier. Nina schenkte mir heute drei Bügelbretter. Der Grundstein für mein neues Geschäft, sagte sie, sei das. Ich habe das nicht verstanden. Wir waren am Vormittag in einem Café. Die Gäste müssen am Heiligabend in allen Prager Gaststuben mit Wasserkesseln bezahlen. Damit Du eine ungefähre Vorstellung hast: Eine Tasse Kaffee kostet 1/17 Wasserkessel. Dauernd sterben Leute an Bluthochdruck, weil die Kellner nicht rausgeben können. Das ist nicht schön. Mache mich übermorgen auf den Weg in die Innere Mongolei. Ich muß leider den Billigbus über den Balkan nehmen.

Dein Michael

Lieber Michael!
Wer weiß, ob diese Zeilen Dich je erreichen werden. Wir haben sie einem Troß marodierender Räuchermännlein zu treuen Händen übergeben; sie wollen Dir entgegenfahren und Dich in Prag ausrufen lassen. Wie sie sagen, soll daselbst die Wasserkessel-Währung eingeführt worden sein, was aber gewiß blanker Unsinn ist. Das wäre ja fast so ein Quatsch wie diese Euro-Idee. Gestern, am ersten Weihnachtsfeiertag, sind unsere Verwandten ins Erzgebirge eingefallen, also war unseres Bleibens dort nicht länger. Wir haben uns als Weihnachtsmänner maskiert und fliehen durch das tief verschneite Transsylvanien, täglich mehr und mehr (sic). Um die Verwandtschaft von unserer Spur abzulenken, haben wir die Schlafanzüge so verändert, daß nichts an

ihnen mehr auf uns hinweist. Die Woche bis Neujahr nutzen wir intensiv zur Schulung der neuen Katzen: Sie sollen ein Frühwarnsystem entwickeln und bedienen können. Sollte die Innere Mongolei zu weit weg sein, treffen wir uns zu Silvester auf dem Balkan. Da wollten wir doch nie hin! Auf bald!

Dein Eugen

Lieber Eugen,
wie furchtbar diese briefüberbringenden Räuchermännchen doch waren. Himmel! Als sie mich gefunden hatten (in den Armen Ninas – Abschied!), fingen sie an, »Es gibt kein Bier auf Hawaii« zu singen und brüllten: »Lang lebe der FC Generator Praha Südsüdost.« Hast Du denen die Haschisch-Räucherkerzen eingesteckt? Der Billigbus (Sonderangebot) ist ein Fahrrad. Leider muß ich einen Hänger voller Gußöfen im Dorf Kiseljak in Bosnien-Herzegowina abgeben. Das gehöre zum Vertrag, sagte mir die Frau vom Reiseunternehmen. Interessant ist, daß Ihr auch auf dem Weg in den Balkan seid. Ich wollte mich schon gen Innere Mongolei aufmachen. Leider muß ich in Sarajevo noch ein komplettes Stadtviertel neu planen (Vertrag). Mehr als vier Tage dürfte das nicht in Anspruch nehmen, so daß ich Silvester den Feierlichkeiten beiwohnen kann. Hast Du noch Geld für ordentlich Knallzeug? Weißt Du noch, wie wir letztes Jahr versucht haben, den Satelliten Omega 14kcb mit Raketen vom Himmel zu holen? Welch ein Fest! Grüße an Frau und Kinder!

Dein Michael

Lieber Michael!
Nun sind wir in diesem grauenvollen Land angekommen, überall sieht es aus, als wäre Dein Franz bereits dagewesen. In so eine Gegend werden sich unsere Verwandten wohl nicht trauen. Doch wo bist Du? Wir kleben diesen Brief für Dich mit Tesafilm an den Balkan, wenn Du vorbeikommst, wirst du ihn hoffentlich sehen. Beeil dich bloß, Silvester ist schon morgen!

(Ohne Unterschrift gültig)

Lieber Eugen,
ich mache mir Sorgen, weil Dein letzter Brief so kurz und bündig war. Paranoid wie ich nun mal veranlagt bin, sehe ich Dich und die liebe Olga in den Fesseln der Verwandten, die Euch Qualen zufügen und Dir diktieren, was Du an mich schreiben sollst. Wahrscheinlich zwingen sie Euch, deutsche Pop-Literatur zu lesen, Privatfernsehen zu gucken und dauernd Mitglied der CDU zu werden. Heute ist nun Silvester und ich suche Euch überall. Ich stehe links am Balkan, da wo ich Deinen Brief gefunden habe. Du mußt mich doch finden! In ein paar Stunden beginnt das neue Jahr und Jahrtausend. Was soll ich nur tun? Alle Leute hier haben einen eigenen Panzer, ich bin so auffällig mit meinem Fahrrad. Wenn Du hier wärst, könntest Du aus Deinen Haaren einen zaubern. Den Tesafilm, mit dem Du den Brief befestigt hattest, konnte ich als Hollywoodbestseller verkaufen. Meine Taschen quellen über vor Konvertibler Mark. Nur, was soll ich noch damit? Eine Frau habe ich auch schon wieder. Diesmal muß es doch die richtige sein. Ich hinterlege einfach ein belegtes Bröt-

chen an der Stelle, an der wir uns treffen werden! Voller Hoffnung

Dein Michael

Lieber Michael!

Du bist immer noch nicht hier, daher werde ich Dir unsere Eindrücke schildern. Die Silvesterbräuche auf dem Balkan sind höchst staunenswert. Tischfeuerwerk z. B. besteht im Verbrennen von Tischen; manche Leute platzen auch einfach, und die übriggebliebenen machen Gipsabdrücke von den Knallgeräuschen. Die Allerärmsten knallen stundenlang ihre Haustüren und Gartentore zu (wer nicht einmal das hat, klatscht in die Hände). Was wir zunächst für Feuerwerk unter freiem Himmel hielten, entpuppte sich als Artilleriebeschuß. Jetzt schießen sie sogar mit Katzendreck! Das ist kein Land für uns! Wir ziehen sofort weiter, es bleibt nicht einmal Zeit, sich vorschriftsmäßig zu betrinken. Hast Du unseren letzten Brief gefunden? Und diesen hier?

Ängstlich

Dein Eugen

Lieber Eugen,

es ist schon wieder Silvester, oder immer noch. Keine einzige Zeile von Dir hat mich erreicht. Möchte wissen, was mit Dir, Frau und Kindern, nein, Katzen, los ist. Völlig verzweifelt habe ich unser Erkennungszeichen, das belegte Brötchen, als Silvesterböller verkauft. Auch möchte ich nicht versäumen, Dich über die Silvesterbräuche auf dem Balkan zu informieren. Die Ärmsten der Armen werfen mit voller Wucht ihre Türen oder Tore zu, um einen irgendwie gearteten Knalleffekt zu erhalten – stundenlang. Die, die weder Haus noch Hof haben, stellen sich auf die Straße und klatschen. Das furchtbarste aber ist: Manche platzen einfach. Das geht schon seit Tagen so. Ich weiß weder, wo ich eigentlich bin, noch warum und in welcher Zeit. Wahrscheinlich muß ich den Rest meines Lebens mit Silvesterfeiern zubringen. Ich finde auch den Ausgang zur Inneren Mongolei nicht mehr! Hilf mir! Und bring Schnaps mit!

Dein Michael

Lieber Michael!
Endlich in der Inneren Mongolei und in Sicherheit. Allerdings finden wir, daß es hier aussieht wie in Herne. Damit Dich diese Nachricht auch garantiert erreicht, senden wir sie Dir durch Kosmische Kanalstrahlen (ein Schamane mit abgeschlossenem Physikstudium hilft uns dabei). Kannst Du sie entschlüsseln? Der Schlüssel liegt unter der beigefügten Fußmatte (kolossaler Scherz, unmäßige Lache aufschlagen)! Ja, ja, wir haben unseren goldenen Humor schon wiedergefunden, wie Du hieran siehst. Das kommt von der immensen Entspannung, die nun eingetreten ist. Weihnachten und Silvester sind überstanden, eigentlich könnten wir wieder heimkehren. Doch die Katzen sprechen schon fließend mongolisch, auch unsere Schlafanzüge haben sich gut eingelebt, und die Schönheit der mongolischen Klopfzeichen (welcher bereits Buffalo Bill seligen Angedenkens erlegen ist) tut ein übriges. Wir werden hier ein Fachgeschäft für Katzen-

zubehör und Nachtwäsche eröffnen (der Mongole ist überaus katzenfreundlich und schläft gern gut gekleidet), in der Freizeit kann ich dann mongolisch, ja, nachgerade mongoloid dichten (verzeih den geschmacklosen Scherz). Beim hiesigen Finanzamt soll die Stelle des Pförtners vakant sein – wäre das nichts für Dich? Komm schnellstens her!

Dein sehr glücklicher Eugen (Wahlmongole)

Lieber Eugen, das Warten auf Dich oder einen Brief von Dir habe ich aufgegeben. Eine Marktlücke entdeckt habend lasse ich es mir gutgehen. Folgendes: Ich habe es ja schon in Deutschland nicht eingesehen, warum man Witze kostenlos erzählen sollte! Seit vierzehn Tagen laufe ich durch Sarajevo und erzähle bei Bedarf und Bezahlung immer denselben Witz. Es könnte durchaus auch der gleiche sein! Diese wunderbare Frau, die ich hier kennenlernte (sie heißt Alma), hat mir den Witz ins Serbokroatische übersetzt. Der Erfolg ist durchschlagend. Der Witz geht so (auf deutsch):

Michael geht eines Tages aus dem Haus und bemerkt, daß ihn ein Pinguin verfolgt. Egal, wohin er auch geht, der Pinguin folgt ihm. Am Abend trifft er seinen Freund Eugen. Eugen sagt zu Michael: »Weißt du, daß du einen Pinguin hinter dir hast?« Michael: »Ja, der läuft mir schon den ganzen Tag hinterher.« Eugen: »Naja, dann geh doch mit dem Tier mal in den Zoo. Das geht doch so nicht.« Michael: »Gut, mach ich.« Am nächsten Tag treffen sich Eugen und Michael wieder. Eugen: »Sag mal, der Pinguin läuft dir ja immer noch hinterher. Ich habe dir doch gesagt, du sollst mit ihm in den Zoo gehen.« Michael: »Jaja, da waren wir ja gestern auch, und heute geben wir ins Kino.«

Brillant, oder?

Damit komme ich ganz groß raus. Alle Zeitungen der Welt können mir gestohlen bleiben. Nie mehr schreibe ich eine Zeile. Ich weiß nicht, wie es Dir geht. Meine besten Wünsche sind bei Dir und Diner Fru. Meine neue Adresse: MIT, Am Balkan links zwo, 71000 Sarajevo. Auf Wiedersehen

Dein Michael

Lieber Michael!
Hier bricht unsere Korrespondenz abrupt ab. Weitere Einzelheiten über uns sind nicht bekannt, niemand weiß, was aus uns wurde. Vielleicht hat es uns nie gegeben. Laß Dir aber trotzdem von ganzem Herzen ein gesegnetes neues Jahr wünschen und denke immer daran: »Gerät der Erdball auch ins Wanken, wir bleiben doch die alten!«

Alle Macht den Katzen!

Dein Eugen

Adrians Neujahrsvorsätze

Samstag 27. Dezember

Gott sei Dank ist jetzt alles vorüber. Jetzt gilt es nur noch, Neujahr zu überstehen.

Montag, 29. Dezember

Meine Mutter bekam heute von Archie Tait den folgenden Brief:

> Liebe Mrs Mole,
> es war wirklich sehr freundlich von Ihnen, mich am zweiten Weihnachtstag an Ihrem Familienfest teilhaben zu lassen. Ich habe den Abend außerordentlich genossen.
>
> Der Aufenthalt unter Menschen, mit denen ich mich im inneren Gleichklang fühlen darf, war für mich sehr erfrischend.
>
> Als junger Mann bin ich aus Ablehnung der bürgerlichen Moralvorstellungen für die Prinzipien der freien Liebe auf die Straße gegangen.
>
> Es war für mich sehr befriedigend zu beobachten, daß meine damaligen Prinzipien in

Ihrer Familie so geflissentlich praktiziert werden.

Mit Dank und vielen Grüßen
Ihr Archibald Tait

P.S.: Adrian ist ein prächtiger junger Mann. Meinen Glückwunsch.

Meine Mutter hat aus diesem kurzen Schreiben einen Freibrief für ihr seit ihrer sexuellen Reifung notorisch laxes und undiszipliniertes Verhalten herausgelesen.

Glenn kam am Abend (wieder), um uns allen ein gutes Neues Jahr zu wünschen – und um mir eine Neujahrskarte von seiner Mutter Sharon zu überreichen. Ich legte sie ungelesen auf den Kühlschrank. »Du mußt mal reingucken, Dad«, sagte Glenn.

Ich klappte die Karte auf und las:

Lieber Adrian,
ich hoffe, Du hast ein schönes Weihnachtsfest gehabt und wünsche Dir ein glückliches und erfolgreines Neues Jahr.

Sharon

Ich nehme an, sie wollte »erfolgreiches« schreiben. Wenn sie das Geschriebene noch einmal durchgelesen hätte, wäre ihr diese Peinlichkeit erspart geblieben. In der Dudelsackpfeifer-vor-Berghintergrund / Labradorhund-im-Vordergrund-Karte steckte eine Zahlungsaufforderung:

An rückständigem Unterhalt: 15 000 Pfund. Sofort zahlbar an Pankhurt, Barnwell, Brewin, Laker, Medwin, O'Keefe – Öffentlich beauftragte Schwerpunktkanzlei für Familienrecht.

Ich machte im Kopf eine kleine Überschlagsrechnung. Die 66 000 Pfund, die ich Arthur Stoat schulde, plus jetzt 15 000 Pfund, macht zusammen 81 000 Pfund!!!

Ich mußte mich gegen den Kühlschrank lehnen.

»Tut mir leid, hat nichts mit mir zu tun, Dad«, sagte Glenn.

Ich kämpfte mit der Versuchung zu sagen: »Im Gegenteil, mein lieber Glenn, es hat *ausschließlich* mit dir zu tun.«

Meine Lebensbahn hat einen so katastrophalen Knick erlitten, daß ich nicht weiß, wie ich mich jemals davon wieder erholen soll. Ich habe einen krankhaften Horror vor Schulden. Meine Eltern haben meines Wissens *nie* ohne Schulden gelebt. Mein Vater behauptet sogar, schon als kleiner Junge verschuldet gewesen zu sein (für den Kauf eines Spielzeugferrari von Corgi).

Im Moment kann ich überhaupt nichts unternehmen. Sämtliche Sorgentelefone sind pausenlos besetzt. Ich habe es wiederholt bei der Nummer der Schuldenhilfe versucht. Sogar zur Talk-Moderatorin Anna Raeburn bei Radio Four habe ich durchzukommen versucht, aber ich war lediglich einer der Vielen, die sich enttäuschen lassen mußten.

Später ging ich mit William und Glenn zum Rathausplatz von Leicester, obwohl mir eigentlich nicht nach Feiern zumute war. Hunderte von Leuten waren da, manche sogar in phantasievollen Kostümen. Die Stadt hatte sämtliche Weihnachts- und Straßenbeleuchtungen abschalten lassen. Der Platz lag in völliger Dunkelheit. Als einziges Licht war die rote Betriebsanzeige der Infrarotkamera zu sehen, mit der die Polizei vom Balkon des Bürgermeisters herab die Menge abfilmte.

Schlag Mitternacht geriet die Menge aus dem Häuschen. Die Polizisten sprangen aus den Mannschaftswagen, in denen sie bis dahin gesessen hatten. Alle sangen »Auld Lang Syne«. Von Krawallen war keine Spur, lediglich ein schlimmes Gefühl der Enttäuschung und der Leere kam auf, weil Stadtverwaltung und Polizei eine so schlechte Meinung von ihren Bürgern hatten.

Um ein Uhr brachte ich meine Jungen nach Hause. Als ich Glenn ablieferte, stellte ich befriedigt fest, daß Sharon zur Tür gekommen war, um ihn zu begrüßen. Wir winkten einander wortlos zu. Sie sah unförmiger aus denn je.

Donnerstag, 1. Januar

Ich machte eine Liste meiner Neujahrsvorsätze:

1. Mehr Nächstenliebe. Nicht in Form von Geldspenden, sondern als Menschenfreundlichkeit gegenüber jenen, die weniger gut dran sind als ich.
2. Ich werde für den Unterhalt meiner Söhne sorgen. Für beide.
3. Ich werde eine eigene Wohnung finden.
4. Ich werde mich versichern.
5. Ich werde dafür sorgen, daß »Der weiße Lieferwagen« produziert wird.

6. Ich werde wieder geschlechtliche Beziehungen zu Frauen aufnehmen.
7. Ich werde Mr Blair noch einmal sechs Monate geben.
8. Ich werde sämtliche weiße Socken wegschmeißen.
9. Ich werde mir über meinen Haarausfall keine zwanghaften Sorgen mehr machen.
10. Ich werde anfangen, Sport zu treiben.

Deutsch von Peter A. Schmidt

VOLKER KRIEGEL

»Tu mir einen Gefallen: Sag jetzt bitte nicht, daß schon wieder mal ein Jahr vorüber ist und daß wir auch nicht gerade jünger geworden sind.«

NACH- UND HINWEISE

KINGSLEY AMIS
Essen und Trinken an Weihnachten. Aus dem Englischen von Harry Rowohlt. Deutsche Erstveröffentlichung aus: *The Amis Collection.* Selected Non-Fiction 1954–1990. London: Hutchinson 1990. Copyright © Kingsley Amis. Deutsche Übersetzung Copyright © 2000 by Haffmans Verlag AG Zürich.

ULI BECKER
Motto aus: *Alles kurz und klein.* Erinnerungen. Copyright © 1990, 1999 by Haffmans Verlag AG Zürich.

AMBROSE BIERCE
Motto aus: *Des Teufels Wörterbuch.* Jetzt in: *Die gesammelten Geschichten und Des Teufels Wörterbuch* in einem Band. Herausgegeben von Gisbert Haefs. Aus dem Amerikanischen von Jan-Wellem van Diekmes, Viola Eigenberz, Gisbert Haefs und Trautchen Neetix. Copyright © 1986, 1987, 1988, 1989, 1999, 2000 by Haffmans Verlag AG Zürich.

EUGEN EGNER & MICHAEL TETZLAFF
Der Silvester-Artikel. Erstveröffentlichung mit freundlicher Genehmigung der Autoren. (Eine kürzere Fassung erschien in der Silvester-Ausgabe 1999/2000 der Frankfurter Rundschau.) Egner-Texte und -Zeichnung Copyright © 2000 by Eugen Egner. Tetzlaff-Texte Copyright © 2000 by Michael Tetzlaff.

BERND EILERT
Kurt oder Das Fest der Liebe. Zuerst erschienen als Einzelausgabe mit Zeichnungen von Achim Greser. Copyright © 1996 by Haffmans Verlag AG Zürich.

GUSTAVE FLAUBERT
Motto aus: *Das Wörterbuch der Gemeinplätze.* Mit einem Nachwort von Julian Barnes und Zeichnungen von Volker Kriegel. Aus dem Französischen von Gisbert Haefs, Irene Riesen, Thomas Bodmer und Gerd Haffmans. Copyright © 1987, 1998 by Haffmans Verlag AG Zürich.

STEPHEN FRY
Der lachende Droschkenkutscher und *Weihnachtsgruß.* Beide aus: *Paperweight.* Gesammelte Geschichten, Glossen, Essays, Rezensionen und Rundfunksendungen. Aus dem Englischen von Ulrich Blumenbach. Copyright © 1996 by Haffmans Verlag AG Zürich.

ROBERT GERNHARDT
Das Motto *Weihnachten* aus: *Letzte Ölung.* Ausgesuchte Satiren. Copyright © 1984 by Haffmans Verlag AG Zürich. *Es ist ein Maus entsprungen, Von Papst zu Papst* und *Vor dem Fest.* Aus: *Hier spricht der Dichter.* Jetzt in: *Vom Schönen, Guten, Baren.* Gesammelte Bildergeschichten und Bildgedichte. Copyright © 1997 by Haffmans Verlag AG Zürich. *Die Geburt.* Aus: *Lichte Gedichte.* Jetzt in: *Gedichte 1954–1997.* Copyright © 1997, 1999 by Haffmans Verlag AG Zürich.

DAN KAVANAGH
Der 50-Pfennig-Weihnachtsmann. Aus dem Englischen von Gertraude Krueger. Zuerst in »Der Rabe« Nr. 40 – Der kriminelle

Rabe. Copyright © 1990 by Dan Kavanagh. Deutsche Übersetzung Copyright © 1994 by Haffmans Verlag AG Zürich.

VOLKER KRIEGEL
Motto aus: *Olaf der Elch.* Eine Weihnachtsgeschichte. Copyright © 1999 by Haffmans Verlag AG Zürich. *Türlich ist es eine Art Ritual…* und *Beim Silvester-Feuerwerk* aus: *Manchmal ist es besser, man sagt gar nix.* Gesammelte Zeichnungen und Aufsätze. Mit einem Vorwort von F. W. Bernstein. Copyright © 1998 by Haffmans Verlag AG Zürich. Den Weihnachtsbären auf dem Umschlag hat Volker Kriegel eigens für dieses Weihnachtsbuch gezeichnet.

CHARLES LEWINSKY
Der Teufel in der Weihnachtsnacht. Zuerst erschienen als Einzelausgabe mit Zeichnungen von Nikolaus Heidelbach. Copyright © 1997 by Haffmans Verlag AG Zürich.

DAVID LODGE
Pastorale. Aus: *Sommergeschichten – Wintermärchen.* Aus dem Englischen von Renate Orth-Guttmann. Copyright © 1996 by Haffmans Verlag AG Zürich.

MONTY PYTHON
Heiligabend im Himmel. Aus: *Der Sinn des Lebens.* Aus dem Englischen von Bernd Eilert. Copyright © 1993 by Haffmans Verlag AG Zürich.

FLANN O'BRIEN
Eine Weihnachtsgeschichte. Aus dem Englischen von Harry Rowohlt. Deutsche Erstveröffentlichung aus: *The Best of*

Myles. London: McGibbon & Kee 1968. Copyright © 1968 by Evelyn O'Nolan. Deutsche Übersetzung Copyright © 2000 by Haffmans Verlag AG Zürich.

HANNS CHRISTIAN MÜLLER & GERHARD POLT
Nikolausi. Aus dem ersten Sammelband mit allen alltäglichen Geschichten von Gerhard Polt & Hanns Christian Müller mit Zeichnungen von Reiner Zimnik: *Da schau her.* Copyright © 1984 by Haffmans Verlag AG Zürich.

PETER ROETSCHER
Fünf Beweise, daß es den Weihnachtsmann nicht geben kann. Copyright © 2000 by Peter Roetscher. Erstveröffentlichung mit freundlicher Genehmigung des Autors, der in einem Punkte ergänzend zu kommentieren wäre: Rentiere mögen flugunfähig sein; bei Elchen sieht das wieder ganz anders aus. Ein Elch kann fliegen. Der einzige und einzigartige Olaf. In: *Olaf hebt ab.* Von Volker Kriegel, erschienen im Jahre 2000 im Haffmans Verlag.

SAKI
Berties Heiligabend. Aus dem Englischen von Werner Schmitz. Aus: *Das Friedens-Spielzeug und Das eckige Ei.* Jetzt in: *Sämtliche Erzählungen* in einem Band. Herausgegeben von Fritz Senn. Aus dem Englischen von Claus Sprick und Werner Schmitz. Copyright © 1985, 1987, 1988, 1990, 1998 by Haffmans Verlag AG Zürich.

DAVID SEDARIS
Erste Reihe Mitte oder: Der Kleinstadt-Großkritiker, Aus: *Holidays on Ice.* Aus dem Amerikanischen von Harry Rowohlt. Copyright © 1999 by Haffmans Verlag AG Zürich.

R. L. Stevenson

Weihnachtspredigt. Aus dem Englischen von Friedhelm Rathjen. Deutsche Erstveröffentlichung aus *Across the Plains with other Memories and Essays.* London: Chatto & Windus 1909.

Sue Townsend

Adrians Neujahrsvorsätze. Aus: *Die Cappuccino-Jahre.* Ein Adrian-Mole-Roman. Deutsch von Peter A. Schmidt.

John Updike

Die zwölf Schrecken der Weihnacht. Aus dem Amerikanischen von Maria Carlsson. Erschienen mit Zeichnungen von Edward Gorey als Sonderdruck für die Freunde des Rowohlt Verlages zum Jahreswechsel 1998/99.